AF141718

Wiebke R. Baden

Solarstrom aus der Wüste

Das Potenzial erneuerbarer Energien in der MENA-Region

Baden, Wiebke R.: Solarstrom aus der Wüste. Das Potenzial erneuerbarer Energien in der MENA-Region, Hamburg, Bachelor + Master Publishing 2014
Originaltitel der Abschlussarbeit: Erneuerbare Energien als Schlüsselement der Entwicklungspolitik in der MENA-Region

Buch-ISBN: 978-3-95820-018-0
PDF-eBook-ISBN: 978-3-95820-518-5
Druck/Herstellung: Bachelor + Master Publishing, Hamburg, 2014
Coverbild: pixabay.com
Zugl. Bergische Universität Wuppertal, Wuppertal, Deutschland, Bachelorarbeit, November 2013

Bibliografische Information der Deutschen Nationalbibliothek:
Die Deutsche Nationalbibliothek verzeichnet diese Publikation in der Deutschen Nationalbibliografie; detaillierte bibliografische Daten sind im Internet über http://dnb.d-nb.de abrufbar.

Das Werk einschließlich aller seiner Teile ist urheberrechtlich geschützt. Jede Verwertung außerhalb der Grenzen des Urheberrechtsgesetzes ist ohne Zustimmung des Verlages unzulässig und strafbar. Dies gilt insbesondere für Vervielfältigungen, Übersetzungen, Mikroverfilmungen und die Einspeicherung und Bearbeitung in elektronischen Systemen.

Die Wiedergabe von Gebrauchsnamen, Handelsnamen, Warenbezeichnungen usw. in diesem Werk berechtigt auch ohne besondere Kennzeichnung nicht zu der Annahme, dass solche Namen im Sinne der Warenzeichen- und Markenschutz-Gesetzgebung als frei zu betrachten wären und daher von jedermann benutzt werden dürften.

Die Informationen in diesem Werk wurden mit Sorgfalt erarbeitet. Dennoch können Fehler nicht vollständig ausgeschlossen werden und die Diplomica Verlag GmbH, die Autoren oder Übersetzer übernehmen keine juristische Verantwortung oder irgendeine Haftung für evtl. verbliebene fehlerhafte Angaben und deren Folgen.

Alle Rechte vorbehalten

© Bachelor + Master Publishing, Imprint der Diplomica Verlag GmbH
Hermannstal 119k, 22119 Hamburg
http://www.diplomica-verlag.de, Hamburg 2014
Printed in Germany

Inhaltsverzeichnis

1. Problemstellung

Im Zeitalter der globalen Erwärmung und des damit einhergehenden Klimawandels steht neben der CO_2-Reduktion vor allem der Ausbau erneuerbarer Energien auf der Agenda der internationalen Politik. Das weltweit voranschreitende Bevölkerungswachstums und eine steigende Energienachfrage stellen Energiepolitik und Entwicklungspolitik vor neue Herausforderungen. Nicht nur in Industrieländern, sondern auch in Entwicklungsländern könnten erneuerbare Energien in Zukunft einen großen Anteil an der Energieproduktion einnehmen. Besonders in Wüstenregionen, in denen Sonne und Wind fast unbegrenzt zur Verfügung stehen, erscheint die Energieerzeugung über Wind- und Solartechnik eine nachhaltige Lösung für das Energieproblem darzustellen.

Aufgrund ihrer natürlichen Ressourcen, ihren Wüstenregionen und der Nähe zu Europa ist die Region des Nahen Ostens und Nordafrikas (Middle East and Norh Africa – MENA), genannt MENA-Region, ein für Europa interessanter Kooperationspartner im Bereich erneuerbarer Energien. Die Region besteht aus 21 sehr heterogenen Ländern, von denen einige ein großes Erdölvorkommen haben und zu den erdölexportierenden Ländern gehören, andere wiederum zu den energieimportierenden Ländern zählen. Auch politisch sind die vom Islam geprägten Staaten sehr verschieden. Zuletzt hat der sogenannte „Arabische Frühling" in der Region zu einer Phase des Umbruchs geführt, deren Ausgang noch nicht absehbar ist und von dessen wirtschaftlichen Auswirkungen sich die Staaten derzeit noch erholen.

Die Länder der MENA-Region sind überwiegend Staaten mittleren Einkommens, was die Entwicklungszusammenarbeit im Vergleich zu den ärmsten Entwicklungsländern erleichtert. So muss nicht die Armutsbekämpfung an erster Stelle der Entwicklungspolitik stehen, sondern ein Konzept in Verbindung mit Wirtschaftswachstum, Technologietransfer und der Schaffung von Arbeitsplätzen. In der vorliegenden Arbeit wird analysiert, ob der Ausbau erneuerbarer Energien hierfür ein geeignetes Instrument darstellt.

Insbesondere in Nordafrika ist das Potenzial für Wind- und Solarenergie groß. So gibt es bereits verschiedene internationale und regionale Initiativen in diesem Bereich, wie das Desertec-Projekt, den Mittelmeersolarplan oder den Marokkanischen Solarplan. Diese Arbeit beschäftigt sich mit der Frage, welche Auswirkungen die Initiativen, insbesondere Desertec, auf die Wirtschaft der Region haben können und was bei der Umsetzung der Projekte beachtet werden muss.

Das Nord-Süd-Gefälle, zwischen den europäischen Industrienationen auf der einen Seite und den afrikanischen Entwicklungsländern auf der anderen Seite, ist nach wie vor eines der größten und dringendsten Themen der Entwicklungspolitik bzw. der Entwicklungszusammenarbeit. In Abschnitt 2 wird deshalb zunächst auf die Internationale Entwicklungspolitik eingegangen, um einen Überblick über den Politikbereich und seine Akteure, Ziele und die Instrumente zum Erreichen dieser Ziele zu geben. Hierbei wird gesondert auf die Bedeutung von erneuerbaren Energien und von ausländischen Direktinvestitionen in der Entwicklungszusammenarbeit eingegangen.

Des Weiteren wird in dieser Arbeit analysiert, inwiefern der Ausbau erneuerbarer Energien gerade in der MENA-Region ein Schlüsselelement der Entwicklungszusammenarbeit darstellen kann. Hierfür wird im dritten Abschnitt zunächst die Region und ihre ökonomische Bedeutung, aber auch die aktuelle politische Situation in den Ländern, erläutert. Eine Besonderheit stellt die vorherrschende Wirtschaftsordnung des „patrimonialen Kapitalismus" (Schlumberger 2005) dar, auf die in Abschnitt 3.4 eingegangen wird.

Nachdem die Instrumente von Entwicklungspolitik und die MENA-Region eingeordnet worden sind, wird in Abschnitt 4 das Potenzial erneuerbarer Energien, insbesondere von der Concentrated Solar Power (CSP) zum Betrieb von Solarkraftwerken, in der Region aufgezeigt und welche Schritte die Regierungen bereits unternommen haben, um den Ausbau zu erleichtern. Am Beispiel des Megaprojekts Desertec, das 2009 ins Leben gerufen wurde, wird in Abschnitt 4.2 über ein konkretes Projekt im Bereich erneuerbare Energien analysiert, wie sich dieses auf die Wirtschaft in der MENA-Region auswirken kann. Dies erfolgt über eine SWOT-Analyse (Erdle 2010). Abschnitt 4.3 beschäftigt sich mit der Kritik an dem Projekt, bevor in Abschnitt 4.4 ein Ausblick auf das weitere Vorgehen der Initiative gegeben wird.

Nicht betrachtet werden in dieser Arbeit die spezifischen Auswirkungen auf die einzelnen Länder der Region. Zudem werden in der Analyse die erdölexportierenden Länder der arabischen Halbinsel vernachlässigt, da sie aufgrund ihrer Energieressourcen gesondert betrachtet werden müssen.

Methodisch wurde mithilfe von Literaturrecherche in Bibliotheken und mithilfe der Internetrecherche deutsch- und englischsprachige Fachliteratur, themenspezifische Studien und regionale Wirtschaftsdaten ausfindig gemacht und durchgearbeitet. Darüber hinaus wurden für die Datenrecherchen die Datenbanken der Weltbank, des Internationalen Währungsfonds und der Organisation für wirtschaftliche Zusammenarbeit und Entwicklung genutzt.

2. Internationale Entwicklungspolitik

2.1 Theorie der Entwicklungspolitik

Um die Theorie der Entwicklungspolitik besser erklären zu können, wird an dieser Stelle zunächst der Begriff der Entwicklung definiert. Er wird erst seit etwa 1950 wie im heutigen Sinne verwendet, um „Entwicklungsländer" zu charakterisieren und von den „Industrieländern" zu unterschieden. Die Entwicklung der Entwicklungsländer ist laut Menzel (2010: 11) durch „Entwicklungshilfe" zu unterstützen. Diese Unterstützung erfolgt dabei nicht nur auf der Systemebene durch Wirtschaftswachstum oder Staatenbildung, sondern sie findet vor allem auf der Akteursebene statt. Damit ist schließlich auch Entwicklung im Sinne von Aufklärung, Alphabetisierung, Bildung und Ausbildung gemeint. Da sich das Verständnis von Entwicklung im Laufe der Zeit geändert hat, ist jedoch ein allgemein und durchgängig akzeptiertes Verständnis des Entwicklungsbegriffs in der Literatur nicht zu finden (Menzel 2010: 11).

Der Akteur, auf den im Abschnitt 2.2 genauer eingegangen wird, steht laut Menzel immer im Zentrum des Entwicklungsbegriffs. Da jedes Individuum aber von verschiedenen Seiten beeinflusst wird, bedarf es förderlicher Rahmenbedingungen auf der Systemebene. Diese können mithilfe des Hexagons der Entwicklung (siehe Abbildung 1) beschrieben werden, bestehend aus politischer Stabilität, wirtschaftlicher Leistungsfähigkeit, sozialer Gerechtigkeit, gesellschaftlicher Partizipation und ökologischer Nachhaltigkeit (vgl. Menzel 2010: 13).

Abbildung 1: Das Hexagon der Entwicklung. Quelle: Menzel (2010), S. 14

Die Befriedigung menschlicher Bedürfnisse steht demnach im Zentrum der Entwicklungspolitik, die durch die Rahmenbedingungen beeinflusst werden können. Hierbei beeinflussen sich Weltpolitik und politische Stabilität, Weltmarkt und wirtschaftliche Leistungsfähigkeit, Weltverteilungsgerechtigkeit und soziale Gerechtigkeit, Weltumwelt und ökologische Nachhaltigkeit, Weltkultur und kulturelle Identität und Weltgesellschaft und gesellschaftliche Partizipation.

Je nachdem, welche Position eine Gesellschaft im Entwicklungsprozess einnimmt, bestimmt sie die Prinzipien und Normen des entwicklungstheoretischen Denkens. Die Normen der Entwicklungstheorie werden aber auch immer von den politischen und kulturellen Rahmenbedingungen der Gesellschaft beeinflusst, von internationalen Interessenslagen und von dem, was gerade den Entwicklungsdiskurs bestimmt. Es ist deshalb kaum möglich, von *der* Entwicklungstheorie zu sprechen. Vielmehr geht es laut Menzel immer um spezifische Einsichten und spezifische Empfehlungen, die auf besondere Situationen reagieren. (Menzel 2010: 23)

Als übergeordnetes Ziel der Entwicklungspolitik wird häufig „die Beseitigung der Unterentwicklung der Partnerländer" (Kevenhörster/van den Boom 2009: 31) genannt. Dieser Unterentwicklung liegen unter anderem Strukturdefizite zugrunde, die die Entwicklungspolitik herausfordern und nur langfristig zu beseitigen sind. Beispiele sind eine niedrige Spar- und Investitionsquote, eine hohe Konsumquote, eine niedrige Kapitalausstattung, unzureichende Markt- und Kreditorganisation und eine ungenügende Infrastruktur (ebd.).

Entwicklung und Entwicklungspolitik hängen demnach immer auch vom Wirtschaftswachstum ab. Durch Wirtschaftswachstum vergrößert sich das insgesamt zur Verfügung stehende reale Gütervorkommen. Dies kann sich direkt auf die für den multidimensionalen Armutsbegriff unmittelbar relevanten Güter wie Nahrungsmittel oder grundlegende Bildungs- und Gesundheitsleistungen beziehen, die auf diese Weise in größerem Umfang verfügbar werden. Unabhängig von der Art der Güter ist eine erhöhte Gesamtproduktion zudem mit höheren Einkommen für die beschäftigten Produktionsfaktoren verbunden (Durth/Körner/ Michaelowa 2002: 36).

Lange hat die Neoklassische Wachstumstheorie die Entwicklungspolitik bestimmt. Doch inzwischen hat sich eine „Neue Entwicklungsökonomik" etabliert, die die „unrealistischen Grundannahmen des neoklassischen Wettbewerbsmodells hinter sich lässt" (Durth/Körner/ Michaelowa 2002: 1). Sie berücksichtigt nun auch Marktmacht, Spillovers, unvollkommene Information, institutionelle Rahmenbedingungen und die Probleme der Durchsetzbarkeit von

Empfehlungen im politischen Prozess. Dieser Ansatz wird auch als endogene Wachstums-theorie bezeichnet, da er die Marktunvollkommenheiten berücksichtigt, während die neoklassische Wachstumstheorie von Wachstum durch Kapitalakkumulation und techno-logischem Fortschritt ausgeht. Diese Theorie lag der Entwicklungspolitik bisher meist zugrunde und wurde auch von der Weltbank praktiziert (ebd.).

Ein weiteres Problem ist, dass „Entwicklungspolitik" ein ziemlich unscharfer Begriff ist. Einerseits soll der Begriff dazu dienen, ihn von anderen Politikfeldern, wie z.B. der Außenwirtschafts-, Wirtschafts- oder auswärtigen Kulturpolitik abzugrenzen. Andererseits ist er aber eng mit diesen Politikfeldern verzahnt und wird häufig sogar von ihnen in ihrem Interesse benutzt. In Deutschland ist die Entwicklungspolitik Teil der Außen- und Außen-wirtschaftspolitik und damit Bestandteil der nationalen Interessenvertretung gegenüber anderen Staaten sowie in multilateralen Organisationen. Entwicklungspolitik definiert zwar eigene, an globalen Zielen ausgerichtete Strategien, ist aber in die Gesamtpolitik der Bundesregierung eingebunden. Dies bedeutet, dass auch andere, wie etwa außenpolitische Interessen, entwicklungspolitischen Zielen häufig vorgezogen werden (Stockmann 2010: 351-353). Nicht selten wird der Entwicklungspolitik deshalb vorgeworfen, sie sei eine Interessenpolitik. Diese Problematik wird in Abschnitt 4 am Beispiel des Desertec-Projekts in der Region des Nahen Ostens und Nordafrika, genannt MENA-Region, genauer betrachtet.

Ein weiterer Begriff der Entwicklungspolitik, den es abzugrenzen gilt, ist die Entwicklungs-zusammenarbeit (EZ). Die EZ ist ein Teilbereich der Entwicklungspolitik, in dem es darum geht, entwicklungspolitische Ziele mit entsprechenden Strategien und unter Anwendung spezifischer Förderinstrumente, entweder in direkter Kooperation mit ausgewählten Partnerländern („bilateral") oder über internationale Organisationen („multilateral"), umzusetzen (Menzel 2010: 8). Eine internationale Leistung gilt laut Definition der Organisation for Economic Co-operation and Development (OECD) als EZ, wenn sie Entwicklungsländern bereitgestellt wird, sie der wirtschaftlichen Entwicklung oder der Verbesserung des Lebensstandards in Entwicklungsländern dient und es sich um Zuschüsse oder vergünstigte Darlehen handelt (vgl. OECD 2008). Welche Länder als Entwicklungs-länder gelten, definiert das Development Assistance Committee (DAC) der OECD alle drei Jahre neu. Die Liste für die Berichtsjahre 2011 bis 2013 ist in Abbildung 2 aufgeführt. Sie beinhaltet alle Länder, die laut Weltbank zu den Ländern niedrigeren (lower income countries) oder mittleren Einkommens (middle income countries) zählen. In der MENA-Region werden demnach die nordafrikanischen Staaten Ägypten, Algerien, Tunesien,

Marokko und Libyen als Entwicklungsländer eingestuft und im Nahen Osten Iran, Irak, Jemen, Jordanien, Libanon, Palästinensische Gebiete und Syrien.

Europa	Afrika	Amerika	Asien	Ozeanien
• Albanien • Bosnien und Herzegowina • Kosovo • Mazedonien • Moldau, Rep. • Montenegro • Serbien • Türkei • Ukraine • Weißrussland	• **nördlich der Sahara:** • Ägypten • Algerien • Libyen • Marokko • Tunesien • **südlich der Sahara:** • Angola • Äquatorialguinea • Äthiopien • Benin • Botsuana • Burkina Faso • Burundi • Côte d'Ivoire • Dschibuti • Eritrea • Gabun • Gambia • Ghana • Guinea • Guinea-Bissau • Kamerun • Kap Verde • Kenia • Komoren • Kongo • Kongo, Dem. Rep. • Lesotho • Liberia • Madagaskar • Malawi • Mali • Mauretanien • Mauritius • Mosambik • Namibia • Niger • Nigeria • Ruanda • Sambia • São Tomé und Principe • Senegal • Seychellen • Sierra Leone • Simbabwe • Somalia • St. Helena • Sudan • Südafrika • Südsudan • Swasiland • Tansania • Togo • Tschad • Uganda • Zentralafrikan. Republik	• **Nord- und Mittelamerika:** • Anguilla Antigua und Barbuda • Belize • Costa Rica • Dominica • Dominikan. Republik • El Salvador • Grenada • Guatemala • Haiti • Honduras • Jamaika • Kuba • Mexiko • Montserrat • Nicaragua • Panama • St. Kitts und Nevis • St. Lucia • St. Vincent / Grenadinen • **Südamerika:** • Argentinien • Bolivien • Brasilien • Chile • Ecuador • Guyana • Kolumbien • Paraguay • Peru • Suriname • Uruguay • Venezuela	• **Naher und Mittlerer Osten:** • Irak • Iran • Jemen • Jordanien • Libanon • Palästinensische Gebiete • Syrien • **Süd- und Zentralasien:** • Afghanistan • Armenien • Aserbaidschan • Bangladesch • Bhutan • Georgien • Indien • Kasachstan • Kirgistan • Malediven • Myanmar • Nepal • Pakistan • Sri Lanka • Tadschikistan • Turkmenistan • Usbekistan • **Ostasien:** • China • Indonesien • Kambodscha • Korea, DVR • Laos • Malaysia • Mongolei • Philippinen • Thailand • Timor-Leste • Vietnam	• Cookinseln • Fidschi • Kiribati • Marshallinseln • Mikronesien • Nauru • Niue • Palau • Papua-Neuguinea • Salomonen • Samoa • Tokelau • Tonga • Tuvalu • Vanuatu • Wallis und Futuna

Tabelle 1: DAC-Liste der Entwicklungsländer und -gebiete (gültig für die Berichtsjahre 2011-2013). Quelle: Bundesministerium für wirtschaftliche Zusammenarbeit und Entwicklung (BMZ), OECD http://www.bmz.de/de/ministerium/zahlen_fakten/DAC_Laenderliste_Berichtsjahre_2011_2013.pdf

2.2 Akteure der Entwicklungspolitik

Die Akteure der Entwicklungspolitik sind auf internationaler, nationaler und regionaler Ebene anzutreffen. Auf internationaler Ebene gibt es die Internationalen Regierungsorganisationen (IROs), zu der die Familie der Vereinten Nationen (UNO) zählt. Entwicklungspolitisch relevant sind hier vor allem der Wirtschafts- und Sozialrat (ECOSOC), die Welthandels- und Entwicklungskonferenz (UNCTAD) und das Entwicklungsprogramm (UNDP) der UNO. Zu den Finanzorganen der UNO zählen die Weltbank und der Internationale Währungsfonds (IWF), die für die Entwicklungsfinanzierung zuständig sind. Gemeinsam mit der Welthandelsorganisation (WTO) bilden sie die organisatorischen Pfeiler der Weltwirtschaftsordnung in den Bereichen Entwicklungsfinanzierung, Währung und Handel. Die Weltbankgruppe setzt sich zusammen aus der eigentlichen Weltbank, der Internationalen Entwicklungsorganisation (IDA), der Internationalen Finanz-Kooperation (IFC), der Multilateralen Investitions-Garangite-Agentur (MIGA) und dem Internationalen Zentrum für die Beilegung von Investitionsstreitigkeiten (ICSID) (Andersen 2005a: 38 f.)

Der IWF ist zwar eine Währungs- und keine Entwicklungsorganisation, hat aber die währungspolitische und institutionelle Beratung der Entwicklungsländer stark ausgebaut. IWF und Weltbank unterhalten gemeinsam das Entwicklungskomitee (Development Commitee). Bei den meist zweimal jährlich stattfindenden Sitzungen, in denen Industrie- und Entwicklungsländer durch ihre Minister vertreten sind, werden wichtige Fragen der Entwicklungsstrategie erörtert und nach Möglichkeit entwicklungspolitische Impulse für die Arbeit des IWF und der Weltbank abgeleitet (ebd.).

Darüber hinaus gibt es in der multilateralen Zusammenarbeit noch die regionalen Entwicklungsbanken. Sie sind nach dem Modell der Weltbank aufgebaut, doch die Mehrheit der Kapitalanteile liegt bei den regionalen Mitgliedsstaaten. Deshalb haben die regionalen Entwicklungsbanken auch größere Einflussmöglichkeiten. Ihre Sonderfonds und Spezialinstitute finanzieren nur Projekte und Programme in ihren jeweiligen regionalen Mitgliedsländern. Zu den regionalen Entwicklungsbanken zählen die Afrikanische Entwicklungsbank (AfDB), die Asiatische Entwicklungsbank (ADB), die Karibische Entwicklungsbank (CDB), die Europäische Bank für Wiederaufbau und Entwicklung (EBRD) und die Inter-Amerikanische Entwicklungsbank (IDB) (Auswärtiges Amt 2011).

Zudem gibt es entwicklungspolitisch wichtige Sonderorganisationen der Vereinten Nationen, wie die Ernährungs- und Landwirtschaftsorganisation (FAO), die Organisation für Industrielle

Entwicklung (UNIDO), die Organisation für Bildung, Wissenschaft, Kultur und Kommunikation (UNESCO), und die Weltgesundheitsorganisation (WHO). Es gibt auch Programme und Fonds mit eigenem institutionellen Unterbau, die aber in unterschiedlicher organisatorischer Zuordnung und Finanzierung innerhalb des UN-Systems anzutreffen sind. Ein Beispiel hierfür ist die Globale Umweltfazilität (GEF) (Andersen 2005a: 41).

Eine weitere internationale Regierungsorganisation ist die 1960 gegründete Organisation für wirtschaftliche Zusammenarbeit und Entwicklung (OECD). Sie ist die bedeutendste Organisation der westlichen Industrieländer zur Koordinierung der Wirtschafts-, Handels- und Entwicklungspolitik. Die OECD berät bei allgemeinen wirtschaftlichen Problemen, veröffentlicht Länderberichte und koordiniert die öffentliche Entwicklungshilfe, die in Abschnitt 2.3 näher erläutert wird (Bundeszentrale für politische Bildung 2013: 234).

In der deutschen Entwicklungspolitik gibt es verschiedene wichtige Akteure auf unterschiedlichen Ebenen. Auf den staatlichen Ebenen gibt es zunächst einmal die Gemeinden, die Länder und den Bund. Auf Bundesebene steht das Bundesministerium für wirtschaftliche Zusammenarbeit und Entwicklung (BMZ) im Zentrum der Entwicklungspolitik. Doch auch das Auswärtige Amt, das Bundesfinanzministerium und das Bundeswirtschaftsministerium spielen in der Entwicklungspolitik eine Rolle. Die Instrumentarien, auf die in Abschnitt 2.3 genauer eingegangen wird, unterscheiden sich in der finanziellen, der technischen und der personellen Zusammenarbeit. Auf der Ebene der Finanziellen Zusammenarbeit (FZ) gibt es die Kreditanstalt für Wiederaufbau (KfW) und die Deutsche Entwicklungsgesellschaft. Auf der Ebene der Technischen Zusammenarbeit (TZ) die Deutsche Gesellschaft für Technische Zusammenarbeit (GTZ) zuständig und auf der Ebene der Personellen Zusammenarbeit (PZ) den Deutschen Entwicklungsdienst (DED) und die InWEnt, ein Zusammenschluss der Carl-Duisberg Gesellschaft und der Deutschen Stiftung für internationale Entwicklung. Eine weitere wichtige Rolle nehmen politische Stiftungen ein. Sie zählen zwar formal zu den Nichtregierungsorganisationen, werden aber nahezu vollständig aus Steuermitteln finanziert. Zu ihnen gehören die Friedrich-Ebert-Stiftung, die Konrad-Adenauer-Stiftung, die Hanns-Seidel-Stiftung, die Friedrich-Naumann-Stiftung, die Heinrich-Böll-Stiftung und die Rosa-Luxemburg-Stiftung. Die größten Nichtregierungsorganisationen in Deutschland, wie etwa die evangelische und katholische Kirche, das Deutsche Rote Kreuz und die Deutsche Welthungerhilfe, haben sich zum *Verband Entwicklungspolitik deutscher NROs* e.V. (VENRO) zusammengeschlossen (Andersen 2005b: 56 f.).

Eine Kernaufgabe in der Entwicklungspolitik ist das Erreichen der Millenium Development Goals (MDGs), die im Jahr 2000 auf dem New Yorker Millenium-Gipfel der UNO beschlossen wurden. Die acht Zielvorgaben gelten laut Nuscheler als Richtwerte an die Praxis der Entwicklungszusammenarbeit. Die Staatengemeinschaft hat sich unter anderem darauf verständigt, die sogenannte Armutsquote (bzw. den Anteil der Menschen, deren Einkommen weniger als einen US-Dollar pro Tag beträgt) zwischen 1990 und 2015 zu halbieren. Zudem soll der Anteil der Menschen, die an Hunger leiden halbiert werden, die Ausbreitung von HIV/Aids zum Stillstand gebracht werden und der Anteil der Menschen halbiert werden, die keinen dauerhaften Zugang zu Trinkwasser und sanitären Einrichtungen haben. Das Projekt der MDGs geriet jedoch schon zur Halbzeit in eine Krise, als Daten belegten, dass vor allem der Problemkontinent Afrika nicht auf dem Weg zum Erreichen der Ziele war. Die Weltwirtschaftskrise und die gebrochenen Versprechen vieler OECD-Länder, ihre Entwicklungsleistungen zu steigern verschärften laut Nuscheler das Armutsproblem. Er hält es für wahrscheinlich, dass im Zieljahr 2015 eine weitere große Konferenz einen „Krieg gegen die Armut" erklären und wieder eine Halbierung der Armutsquote versprechen werde (Nuscheler 2010: 251).

2.3 Entwicklungsfinanzierung

2.3.1 Instrumente der Entwicklungszusammenarbeit

Das übergeordnete Ziel der Entwicklungspolitik ist, wie in Abschnitt 2.1 bereits erläutert, „die Beseitigung der Unterentwicklung der Partnerländer" (Kevenhörster/van den Boom 2009: 31). Um dieses Ziel zu erreichen bedienen sich die Akteure der internationalen Entwicklungspolitik (vgl. Abschnitt 2.2) verschiedener Instrumente. Darüber hinaus wird in der Entwicklungspolitik zwischen bilateraler und multilateraler Zusammenarbeit unterschieden. Was die Finanzierung der Entwicklungspolitik betrifft, so gibt es die öffentlichen Hilfen der Entwicklungszusammenarbeit (Official Development Assistance, ODA) und die privaten Zuflüsse, zum Beispiel in Form von ausländischen Direktinvestitionen. Auf die Rolle der ausländischen Direktinvestitionen in der Entwicklungspolitik wird im Abschnitt 2.3.2 eingegangen.

Die öffentlichen Hilfen der Entwicklungszusammenarbeit können zum Beispiel die Weltbank oder die regionalen Entwicklungsbanken bereitstellen. Die Weltbank finanziert ihre Hilfen an

Entwicklungsländer vor allem über die Aufnahme eigener Darlehen an den globalen Kapitalmärkten. Die Gruppe der ärmsten Entwicklungsländer erhält von der IDA der Weltbank Kredite zu subventionierten Bedingungen. Die Subventionen erbringen die Geberländer unter den Mitgliedern durch Zahlungen in einen Fonds, der regelmäßig aufgestockt werden muss. Weltbank- und IDA-Kredite sind jedoch an Bedingungen gekoppelt. Damit hat die Weltbank die Möglichkeit, auf die Regierungen der Entwicklungsländer und deren Entwicklungspolitik Einfluss zu nehmen (Andersen 2005a: 39).

Die regionalen Entwicklungsbanken bedienen einerseits das nicht bewilligungspflichtige Bankgeschäft und haben andererseits noch einen Fonds für subventionierte Kredite und Zuschüsse. Bei der AfDB ist dies beispielsweise der African Development Fund (AfDF). Eine begrenzte Zahl an regionalen Niedrigeinkommensländern ist berechtigt, Mittel aus diesen Fonds zu erhalten, die regelmäßig aus ODA-Mitteln oder Rücklagen wieder aufgefüllt werden. Diejenigen regionalen Mitgliedsländer der jeweiligen Region, die nicht in die oben genannte Kategorie fallen, können sich Geld zu Marktkonditionen leihen. Nicht-konzessionäre Kredite werden sowohl an Nationalstaaten als auch an den Privatsektor sowie an Provinzen und Kommunen vergeben (Liebig/Wolf 2009: 12).

Bei der Bereitstellung von Entwicklungszusammenarbeit werden zwei Instrumente unterschieden: die Technische und die Finanzielle Zusammenarbeit. In der Technischen Zusammenarbeit (TZ) beraten die Geberländer (in der Regel Industrieländer) die Nehmerländer (in der Regel Entwicklungsländer) und stellen ihr Wissen (Know-how) zur Verfügung. Auf diese Weise sollen in den Nehmerländern dauerhaft Fähigkeiten zum eigenen Management von Entwicklungsprozessen implementiert werden. Vielfach wird daher auch von capacity development – also Kapazitätsentwicklung – gesprochen. In der Finanziellen Zusammenarbeit (FZ) werden Partnerländern Ressourcen zur Verfügung gestellt, um notwendige Investitionen und Ausgaben vornehmen zu können, die für Entwicklungsprozesse wichtig sind. FZ kann beispielsweise Gelder für den Bau von Schulen oder Mittel für die Budgets der Partner zur Verfügung stellen, um Armutsminderungsprogramme finanzieren zu können. (Klingebiel 2013: 44)

Die USA waren 2011 der weltweit größte bilaterale EZ-Geber, mit 30,9 Milliarden US-Dollar, gefolgt von Deutschland mit 14,5 Milliarden US-Dollar. Darauf folgen Großbritannien mit 13,7 Milliarden Frankreich mit 13,0 Milliarden und Japan mit 10,6 Milliarden US-Dollar. Betrachtet man alle externen Finanzzuflüsse, so haben private

Finanzströme längerfristig gegenüber der EZ deutlich zugelegt, sodass ihr Anteil in den meisten Entwicklungsregionen sogar größer ist als der Anteil von EZ (Klingebiel 2012: 5-8).

2.3.2 Ausländische Direktinvestitionen in der Entwicklungsfinanzierung

Eine Form von privaten Finanzströmen sind ausländische Direktinvestitionen (Foreign Direct Investments – FDI). Sie spielen für die externe Finanzierung von Entwicklungsländern eine zunehmend große Rolle. Eine Investition gilt als FDI, wenn sie von einem Inländer (z.B. einem Deutschen) grenzüberschreitend in ein ausländisches (z.B. afrikanisches) Unternehmen getätigt wird und er dabei mindestens zehn Prozent der Eigentumsrechte übernimmt. Zudem sollte der Investor ein langfristiges Interesse an dem ausländischen Unternehmen haben. (Kubny/Lundsgaarde/Patel 2008: 1).

Es gibt verschiedene Formen von FDI. Sie kann zum Beispiel als Neuinvestition im Greenfield Investment erfolgen oder in Form von Mergers and Acquisitions oder Joint Ventures. Mergers and Acquisitions meint den Zusammenschluss oder die Übernahme eines vorhandenen Unternehmens im Partnerland. Ein Joint Venture ist eine Partnerschaft zwischen der investierenden Firma und einem Unternehmen im Gastland. Die ausländischen Direktinvestitionen sind in den vergangenen Jahren weltweit stark gestiegen. In Entwicklungsländern machten FDI 1980 nur zehn Prozent ihres Bruttoinlandsprodukts (BIP) aus. Inzwischen stellt sie mit einem BIP-Anteil von einem Drittel ihre größte externe Finanzierungsquelle dar. Viele Regierungen und internationale Organisationen schreiben FDI positive Wachstums- und Entwicklungswirkungen in Entwicklungsländern zu, auch wenn sie nicht unumstritten sind (Kubny/Lundsgaarde/Patel 2008: 1).

Eine Studie des Deutschen Instituts für Entwicklungspolitik hat die möglichen positiven und negativen Effekte von FDI in Entwicklungsländern erörtert (Kubny/Lundsgaarde/Patel 2008). Ein positiver Effekt von FDI ist etwa die Erhöhung des Kapitalstocks: Da wirtschaftliches Wachstum unter anderem von Investitionen abhängig ist und diese wiederum Kapital erfordern, stellt FDI in Entwicklungsländern zunächst einen Kapitalzufluss dar und erhöht somit den Kapitalstock des Gastlandes. Darüber hinaus kann FDI neue Arbeitsplätze und damit zusätzliches Einkommen für die Mitarbeiter vor Ort schaffen. Dabei kommt es jedoch auf die Art des Investments an, da kapitalintensive Investitionen oder Firmenübernahmen geringe oder sogar negative Auswirkungen auf die Beschäftigung haben können. Direkte und indirekte Steuern ausländischer Firmen erhöhen zudem die Steuereinnahmen, und Spillover-

Effekte das Technologieniveau und die Produktivität im Gastland. Damit es zu Spillovers kommen kann, bedarf es jedoch einem lokalen Wettbewerb der Firmen, der die Qualität der Produkte auf Dauer erhöht. Dies kann schließlich auch die lokalen Güter exportfähig machen. Eine Verflechtung mit der lokalen Wirtschaft und eine Vielzahl von Direktinvestitionen in die Infrastruktur sind weitere positive Effekte von ausländischen Direktinvestitionen. Der anfängliche Einkommensanstieg der Arbeitnehmer kann sich durch einen Anstieg der Nachfrage das inländische Einkommen insgesamt vervielfachen. Dieser Multiplikatoreffekt tritt auch beim Kauf lokaler Zwischenprodukte und bei Steuerzahlungen durch multinationale Unternehmen auf (Kubny/Lundsgaarde/Patel 2008: 2).

Trotzdem können FDI auch problematische oder negative Auswirkungen haben, etwa wenn lokale Unternehmen von den ausländischen Unternehmen aus dem Markt gedrängt werden, weil diese effizienter und günstiger produzieren können. Dies nennt sich Verdrängungseffekt oder Crowding-out. Wenn einige Branchen oder Regionen für Investoren besonders interessant sind, besteht die Gefahr einer zu hohen FDI-Konzentration, die Einkommens-ungleichheiten erzeugen oder verstärken kann (Allokationseffekte). Zudem verringern oder verhindern Investitionsanreize für ausländische Firmen im internationalen Wettbewerb zusätzliche Staatseinnahmen. Ein starker Wettbewerb um FDI kann unter Entwicklungs-ländern zu einem „race to the bottom" von Sozial- und Umweltstandards führen. Ein weiterer möglicher negativer Effekt von FDI ist der Nettoabfluss von Devisen, insbesondere im Bereich des market-seeking, da der Währungsabfluss hier nicht durch gestiegene Exporterlöse ausgeglichen werden kann. (Kubny/Lundsgaarde/Patel 2008: 3)

Darum ist es für die Entwicklungswirkung von FDI wichtig, eine Umgebung mit einem förderlichen Investitionsklima zu wählen, das sich wenigstens durch ein Minimum an Finanzmarktentwicklung und Handelsöffnung auszeichnen sollte. Weitere Faktoren sind die Marktgröße des Gastlandes, der makroökonomische Kontext sowie die Verfügbarkeit und Qualität von lokalen Produktionsfaktoren. Auch die Art und Motivation der jeweiligen Direktinvestition ist entscheidend für den wirtschaftlichen Nutzen des Gastlandes. FDI sollten immer auch in die lokale Wirtschaft integriert werden, um die inländische Nachfrage zu erhöhen und Spillover- und Multiplikatoreffekte zu ermöglichen (Kubny/Lundsgaarde/Patel 2008: 4).

2.4 Die Bedeutung von Ankerländern

In der Entwicklungspolitik kommt den sogenannten Ankerländern eine besondere Bedeutung zu. In jeder der sechs Weltregionen (Ostasien und Pazifik, Lateinamerika/Karibik, Europa/ Zentralasien, Naher Osten/Nordafrika, Südasien, Subsahara-Afrika) gibt es einige wenige Länder, die aufgrund ihrer wirtschaftlichen und demographischen Größe eine besondere Rolle für die jeweilige Region spielen. Ankerländer sind Länder, die aufgrund ihrer wirtschaftlichen und demographischen Größe im Rahmen der globalen Strukturpolitik und zur Erreichung der Millenium Development Goals (MDGs) besonders wichtig sind. Sie sind diejenigen Länder, die zum einen für die Entwicklung in ihrer Weltregion eine Schlüsselrolle spielen und aufgrund ihrer Größe zur Lösung globaler Probleme beitragen können. Zur Bestimmung der Ankerländer wird in zwei Schritten vorgegangen (Stamm 2005: 123): In einem ersten Schritt wird für jede der sechs Entwicklungsregionen der Anteil des BIP des jeweils größten Landes am regionalen BIP berechnet. In einem zweiten Schritt wird das BIP der jeweils größten Ökonomie vom regionalen Sozialprodukt subtrahiert. Anschließend wird für jedes Land der Quotient aus nationalen und dem verbleibenden regionalen BIP gebildet. Die Länder, die entweder über die größte Ökonomie ihrer Region verfügen oder deren BIP mindestens 20 Prozent aus regionalem BIP und BIP des führenden Landes entspricht, gelten als Ankerländer (Stamm 2005: 123 f.). Insgesamt ist die Ländergruppe der Ankerländer in Bezug auf qualitative Entwicklungsindikatoren sehr heterogen – so gehören etwa auch Indien, China und Brasilien dazu. Für den Nahen Osten und Nordafrika, die Region, um die es in dieser Arbeit geht, ergeben sich die Ankerländer Ägypten, Iran und Saudi-Arabien.

Für die Ankerländer einer Region ist es vorteilhaft, ihre regionalen Wirtschaftsbeziehungen auszubauen, denn so erhalten auch kleinere Entwicklungsländer mit geringerem Industrialisierungsgrad die Möglichkeit an den Prozessen globaler Arbeitsteilung teilzuhaben. Eine regionale Wirtschaftsförderung und länderübergreifende Industrie- und Technologiepolitik öffnen die regionalen Märkte und können so positive regionale Entwicklungen hervorbringen. Die Ankerländer sollten sich deshalb laut Stamm als Motor der jeweiligen regionalen Entwicklungsprozesse verstehen und die Integrationsprozesse aktiv mitgestalten. Sie sollten sich dabei jedoch nicht als regionale Hegemonialmacht darstellen (Stamm 2005: 131).

Für die internationale Entwicklungspolitik stellt die Zusammenarbeit mit Ankerländern eine große Herausforderung dar. Denn einerseits sind mit den Ankerländern theoretisch Hebelwirkungen in zentralen Problemfeldern möglich sowie das Erreichen von wichtigen strategischen Zielen. Doch andererseits reichen die ODA-Mittel kaum aus, um tiefgreifend und nachhaltig auf Prozesse in Ankerländern Einfluss nehmen zu können. Zur Überwindung dieses Dilemmas legt Stamm zwei Lösungsansätze nahe: Erstens könnten die Industrieländer innerhalb und außerhalb der Entwicklungspolitik weitere Kooperationsangebote machen. Dafür müssen unterschiedliche Akteure koordiniert werden, wie bislang eher binnenorientierte Organisationen und mittelständische Firmen. Zweitens sollten die bilateralen und multilateralen Gebern Kooperationsangebote ausarbeiten, die für selbstbewusste Ankerländer hinreichend attraktiv sind. Dafür müssen sich die Geber jedoch besser koordinieren (Stamm 2005: 133).

In der Region des Nahen Ostens und Nordafrika, bzw. der MENA-Region, mit der sich diese Arbeit in der Analyse in Abschnitt 4 beschäftigt, ist besonders Ägypten als Ankerland von Bedeutung. Auch das BMZ hat die Wichtigkeit des Landes in verschiedenen Studien bereits hervorgehoben. Eine Studie des Deutschen Instituts für Entwicklungspolitik (Loewe 2009) kommt jedoch zu dem Schluss, dass Ägypten nur eingeschränkt als Ankerland bezeichnet werden kann. Es spielt aber eine wichtige Rolle für die langfristige Stabilität seines regionalen Umfelds, da die Entwicklungen in Ägypten eine hohe symbolische Bedeutung haben und daher von allen Ländern der Region ganz besonders aufmerksam verfolgt werden. Zugleich ist Ägypten jedoch auch ein klassisches Entwicklungsland, wenn auch kein ganz armes (Loewe 2009: 1 f.).

2.5 Erneuerbare Energien in der Entwicklungspolitik

Das starke Bevölkerungswachstum, der zunehmende CO_2-Ausstoß und der damit einhergehende Klimawandel belasten sowohl die Industrie- als auch ganz besonders die Entwicklungsländer. Darum wird nachhaltige Entwicklung und Umweltschutz auch in der Entwicklungspolitik immer wichtiger. 1987 legte die Weltkommission für Umwelt und Entwicklung (WCED) unter Leitung des damaligen norwegischen Ministerpräsidenten Gro Harlem Brundtland einen Bericht vor, der die globalen Umweltprobleme und ihre Auswirkungen auf das Entwicklungsproblem deutlich machte. Er propagierte den Begriff der „nachhaltigen Entwicklung" der zu einem Schlüsselbegriff der umwelt- und entwicklungspolitischen Diskussion wurde. Das Leitbild der globalen nachhaltigen Entwicklung lautete, dass auf lange Sicht einzelne Gesellschaften und die Weltgesellschaft nicht vom Kapitalstock, sondern nur von den Zinsen leben dürfen (Nuscheler 2004: 382 ff.).

Die ökonomischen, sozialen und politischen Folgen des Klimawandels fallen zwar regional sehr unterschiedlich aus, aber verschiedene Studien von IPPC und WBGU gehen davon aus, dass Entwicklungsländer mit schwachen Infrastrukturen und geringen Anpassungs- und Krisenbewältigungsfähigkeiten besonders in Mitleidenschaft gezogen werden (vgl. Nuscheler 2010: 301 ff.). Nachhaltigkeit stand in Industrieländern jahrelang als ökologische Nachhaltigkeit in Form von Umweltschutzpolitik auf der Tagesordnung. Heute zeichnen sich real existierende marktwirtschaftliche Systeme in Entwicklungsländern dadurch aus, dass sie die drei Dimensionen Nachhaltiger Entwicklung, d.h. Ökologie, Ökonomie und Soziales, zumindest in rudimentärer Form aufweisen. Die drei Dimensionen werden jedoch insgesamt nicht ausreichend berücksichtigt. Die ökonomische Dimension marktwirtschaftlicher Entwicklungsländer basiert zumindest in idealtypischer Weise u.a. auf den marktwirt-schaftlichen Prinzipien des Wettbewerbs, des freien Marktzugangs und dem Leistungsprinzip. Die soziale Dimension findet in sozialstaatlichen bzw. sozialpolitischen Maßnahmen ihre Berücksichtigung und Umsetzung, wenn auch meist nur ansatzweise. Hiervon profitieren die Entwicklungsländer jedoch in sehr unterschiedlichem Maße. Die ökologische Dimension, d.h. die Umweltpolitik, wird in der Regel bislang völlig unzureichend umgesetzt. Und auch wenn das Leitbild der Nachhaltigen Entwicklung bisher nur langsam umgesetzt wurde, schreitet die Implementierung voran. In der MENA-Region befinden sich Nachhaltigkeitsstrategien in der Entwicklung. In Marokko, Tunesien und Jordanien wurde bereits eine Nachhaltig-keitsstrategie umgesetzt (von Hauff / Kleine, 2009: 11 ff.).

In den energiepolitischen Zukunftsstrategien der Industrieländer nimmt der Ausbau des Anteils erneuerbarer Energien an der Energieversorgung eine wichtige Rolle ein. Erneuerbare Energien sind besonders attraktiv, da sie erstens die einzige Alternative zur Energie-gewinnung aus den begrenzten Erdöl- und Erdgasvorräten sind und sie zweitens keine CO_2-Emissionen mit sich bringen und damit den Trend zur Klimaerwärmung nicht verstärken. Nach Berechnungen der Internationalen Energieagentur werden die CO_2-Emissionen in den nächsten 30 Jahren um 70 Prozent steigen, sofern sich in der Energiepolitik nichts ändert. Dabei werden zwei Drittel der Steigerungen in den Entwicklungsländern anfallen. Um die CO_2-Emissionen zu reduzieren, muss die Energieeffizienz verbessert und die fossilen Energieträger durch erneuerbare Energien ersetzt werden. Die Technologien der erneuerbaren Energien sind emissionsfrei und basieren auf unendlichen Energiequellen (z.B. Sonnenlicht). Trotzdem sind sie im Wettbewerb mit fossilen Energiequellen noch benachteiligt, da hohe Anschaffungskosten, niedrige Ertragsraten und der Mangel an spezialisierten Arbeitskräften die Einführung der Technologien erschweren. Darüber hinaus werden die konventionellen

Technologien häufig von den Regierungen subventioniert oder sie werden durch fehlenden Wettbewerb im Energiesektor begünstigt (Krause/Scholz 2005: 331-333).

Eine nachhaltige Energiepolitik muss ökonomische, soziale und ökologische Ziele verfolgen, das heißt sie muss auf die Schnittstellen zwischen den drei Nachhaltigkeitsdimensionen ökonomische Effizienz, soziale Gerechtigkeit und ökologische Nachhaltigkeit abzielen. Für die ökonomische und soziale Dimension muss in Entwicklungsländer ein breiter Zugang zu Energiedienstleistungen und langfristiger Energiesicherheit geschaffen werden. Darum werden Energienachfrage und CO_2-Emissionen künftig überwiegend im Süden steigen. Der enge Zusammenhang zwischen der ökonomischen und sozialen Dimension wird auch anhand der Kostenfrage deutlich: In den meisten Transformations- und Entwicklungsländern werden Investitionen in die Energieversorgung getätigt, jedoch immer vor dem Hintergrund stark eingeschränkter technologischer Kapazitäten und finanzieller Mittel. Dies führt dazu, dass weiterhin vermehrt in konventionelle Technologien investiert wird. Um Technologien erneuerbarer Energien implementieren zu können, benötigen Entwicklungsländer zusätzliche Finanz- und Know-how-Transfers. Laut Krause und Scholz sollte daher die Förderung erneuerbarer Energien in eine problem- und nicht technologieorientierte Entwicklungsstrategie einbezogen werden. Diese sollte auch die ökonomischen, gesellschaftlichen und branchen-spezifischen Merkmale des Entwicklungslandes berücksichtigen und die Förderung erneuer-barer Energien nur als eine Maßnahme von vielen verstehen (Krause/Scholz 2005: 333 f.).

Dafür teilen die Forscher die Partnerländer in vier energiestrategische Gruppen ein. Die Einteilung erfolgt anhand des Musters des Energieverbrauchs und der Treibhausgas-emissionen, der Verantwortung für den globalen Klimawandel, des politischen und ökonomischen Gewichts in der Region sowie des sozioökonomischen und technologischen Entwicklungsstands. Je nach Ländergruppe schlagen die Forscher unterschiedliche Ansätze für die Entwicklungszusammenarbeit im Bereich der erneuerbaren Energien vor. Für die Gruppe I, zu denen hauptsächlich die Länder Subsahara-Afrikas zählen, sollen der Abbau von Energieunterversorgung und die Förderung von nachhaltigem Biomassemanagement im Vordergrund stehen. Für die Länder der Gruppe II, die größtenteils aus den unabhängigen Staaten der ehemaligen Sowjetunion besteht, gilt es, die Energieeffizienz und Energie-marktreformen zu fördern. Die Gruppe IIIa ist im Hinblick auf den globalen Klimawandel höchst relevant, da die absoluten CO_2-Emissionen dieser Länder relativ hoch und dynamisch sind. Für diese Ländergruppe sollte sich die Entwicklungszusammenarbeit auf die Förderung von Klimaschutz und Energiesicherung konzentrieren. Zu den Ländern dieser Gruppe zählen etwa Ägypten, Iran und Saudi-Arabien aus der MENA-Region, aber auch Argentinien,

Brasilien, China, Indien oder Südafrika. Dieser Kooperationsansatz kann den Forschern zufolge auch für einige Länder der Gruppe IIIb geeignet sein, deren Länder ein ähnliches Energie- und Emissionsmuster haben wie die der Gruppe IIIa. Zu den Ländern der Gruppe IIIb gehören Länder wie Jordanien, Libanon und Marokko, die wegen ihrer geringen absoluten CO_2-Emissionen keine oder nur geringe Verantwortung für den Klimawandel tragen (Krause/Scholz 2005: 334-336).

Um die Energie- und ökonomische Effizienz zu verbessern, fordern Scholz und Krause einen integrierten Ansatz, der die folgenden Elemente beinhalten sollte: Es müssen marktorientierte Reformen unterstützt werden, ein Capacity building im Bereich der Regulierung stattfinden, effizientere Energietechnologien und der Technologietransfer finanziert sowie Demand-side-management-Maßnahmen ergriffen werden. Dieser Ansatz zielt primär auf kurz- bis mittelfristige Ergebnisse ab. Ein langfristiges Ergebnis hingegen will der Ansatz zur Förderung von Klimaschutz und Energiesicherung erzielen. Hierfür muss sich die Entwicklungszusammenarbeit in den Haupthandlungsfeldern des Technologietransfers, des Capacity buildings, des Institution buildings und der Finanzierung von Technologien erneuerbarer Energien engagieren (Krause/Scholz: 337-340).

Um Investoren Anreize zu schaffen, in erneuerbare Energien zu investieren, haben die Regierungen verschiedene Möglichkeiten. Zum einen gibt es preisgetriebene Anreize wie Einspeisetarife für erneuerbare Energien, sogenannte Feed-in Tariffs (FiT) oder die Nettomessung. Die FiT sind in den meisten OECD-Ländern, besonders in Europa, die dominierende Strategie, um Windenergie und Photovoltaik zu fördern. Ein FiT kombiniert regulatorische und finanzielle Maßnahmen. Genauer gesagt garantiert er dem Produzenten den Zugang zum Netz, langfristige Verträge für die produzierte Energie (typischerweise 15-25 Jahre) und fixe Verkaufspreise, die auf den Kosten der Stromerzeugung mit erneuerbaren Energien basieren. Eine große Herausforderung liegt darin, die optimale Höhe für den Einspeisetarif festzusetzen (OECD 2013: 55-58).

Das sogenannte „Net Metering" ist ein Mechanismus, der Konsumenten ermutigen soll, ihren eigenen Strom aus erneuerbaren Energien zu produzieren und die Produktionsüberschüsse mit einer höheren Besteuerung zu verkaufen. Der Vorteil für die Regierungen ist ein höherer Anteil erneuerbarer Energien am nationalen Energiemix, während nur der Produktions-überschuss subventioniert werden muss (OECD 2013: 59 f.).

Quantitätsgetriebe Anreize können Quoten oder Ausschreibungsverfahren sein. Diese Anreize orientieren sich eher am Markt als die preisgetriebenen Mechanismen. Bei Ausschreibungsverfahren definiert die Behörde eine bestimmte Energiemenge für einen reservierten Markt, der mit erneuerbaren Energien produziert werden soll, und organisiert eine Auktion, um diese Menge an Produzenten erneuerbarer Energien weiterzugeben. Der Bieter mit dem besten Angebot gewinnt und kann von der bereitgestellten Unterstützung profitieren. Die finanzielle Unterstützung kann entweder auf den gesamten Investitionskosten basieren oder auf den Energieerzeugungskosten pro Stromeinheit. Bei quotenbasierten Mechanismen hingegen verpflichtet der Gesetzgeber einen bestimmten Marktteilnehmer (Kunden, Produzenten oder Anbieter), der einen bestimmten Stromanteil aus erneuerbaren Energiequellen zu beziehen hat. Wer verpflichtet wird hängt normalerweise von dem Marktdesign ab. Um die Flexibilität dieses Systems zu erhöhen, bekommt die verpflichtete Partei häufig die Option, ihren Anteil in erneuerbaren Energie in Form von Handelszertifikaten zu erreichen, der als gesetzmäßiger Nachweis anerkannt ist (OECD 2013: 63-65).

3. Die MENA-Region

3.1 Überblick und Definition

Die MENA-Region umfasst laut Definition der Weltbank 21 Staaten: Algerien, Bahrain, Dschibuti, Ägypten, Iran, Irak, Israel, Jordanien, Kuwait, Libanon, Libyen, Malta, Marokko, Oman, Katar, Saudi-Arabien, Syrien, Tunesien, die Vereinigten Arabischen Emirate und Westbank/Gaza, Jemen. Die MENA-Region ist aufgrund ihrer Öl- und Gasvorkommen besonders wichtig für die Energieversorgung Europas. Sieben der 21 Staaten sind Mitgliedsstaaten der Organisation erdölexportierender Länder (OPEC).

Die Bevölkerung der MENA-Region, die sich seit 1970 fast verdreifacht hat, liegt bei 355 Millionen Menschen (von denen 85 Prozent in Ländern mittleren Einkommens, 8 Prozent in Ländern hoher Einkommen und 7 Prozent in Ländern mit niedrigem Einkommen leben) und wird bis 2050 Schätzungen zufolge 600 Millionen Einwohner beherbergen. In den vergangenen Jahren hat die Region signifikante Veränderung in den sozialen und ökonomischen Schlüsselgrößen durchgemacht. Die absolute Armut ist relativ niedrig (rund 4 Prozent der Bevölkerung leben mit weniger als 1,25 US-Dollar am Tag). Langfristig betrachtet steht die MENA-Region vor vielen strukturellen Problemen, die schon vor den jüngsten Aufständen existierten: die wachsende Ungleichheit und hohe Arbeitslosenrate. Den MENA-Ländern ist es nicht gelungen, zwischen 1990 und 2010 die Arbeitslosenquote zu senken, sodass die MENA-Region als Ganze noch immer die höchste Arbeitslosenrate der Entwicklungsländer besitzt. Der Bevölkerungsanteil, der unter Mangelernährung leidet, hat seit 1990 keine signifikanten Verbesserungen gesehen (Weltbank 2012a: 1).

Sowohl gesellschaftlich als auch wirtschaftlich und politisch handelt es sich in der MENA-Region um sehr unterschiedliche Staaten. So herrscht etwa in Bahrain, Jordanien, Katar, Kuwait, Marokko, Oman, Saudi-Arabien und den Vereinigten Arabischen Emiraten eine monarchische Regierung, während Algerien, Jemen, Syrien und Tunesien eine Präsidialrepublik sind und Ägypten sich derzeit in einer Phase mit einer Übergangsregierung befindet. Libanon und Israel gelten als Parlamentarische Republik, Iran als Islamische Republik und Irak und Libanon als Republik (Fürtig 2012: 7).

Die Mehrheit der Bevölkerung in der MENA-Region (mit Ausnahme Israels) gehört dem islamischen Glauben an. Generell ist die Bevölkerung sehr jung, in vielen Staaten ist mehr als die Hälfte der Einwohner unter 30 Jahre alt. Es herrscht insgesamt eine hohe Jugendarbeitslosigkeit von über 20 Prozent, eine schlechte Bildungsqualität und ein rasantes

Städtewachstum in der Region. Frauen sind besonders im Arbeitsleben noch immer unter-repräsentiert: lediglich 21 Prozent der Frauen gehen einer Beschäftigung nach, während die Beschäftigungsquote der Männer bei 73 Prozent liegt. 15 der 22 Staaten in der MENA-Region liegen unterhalb der Wasserarmutsgrenze (1000 Kubikmeter erneuerbares Trinkwasser pro Kopf und Jahr), was langfristig zu politischen Konflikten führen kann (Lucas 2012: 46 ff.).

Während die MENA-Region bereits in der Antike ein wichtiges Wirtschaftszentrum war und seit der Eröffnung des Suezkanals 1869 zunehmend auch für die Weltwirtschaft von Bedeutung wurde, gelangte der Nahe Osten spätestens mit dem Siegeszug des Erdöls, dem seit einem Jahrhundert wichtigsten Einzelrohstoffs der globalen Wirtschaft, in eine strategische Schlüsselposition. In der MENA-Region befinden sich etwa zwei Drittel der weltweiten Erdölreserven und knapp 44 Prozent der Erdgasreserven, von hier kommen mehr als ein Drittel der globalen Erdölförderung und etwa 20 Prozent der Erdgasförderung. Deshalb ist der Nahe Osten für die gegenwärtige und zukünftige Versorgung der Welt mit diesen Rohstoffen von zentraler Bedeutung (Fürtig, 2012: 5-6).

Die Ölstaaten konnten in den 1970er Jahren zwar sehr hohe Wachstumsraten verzeichnen, doch all ihre wirtschaftlichen Aktivitäten blieben direkt oder indirekt über staatliche Subventionen von den Öleinnahmen abhängig. Typische Bereiche, die sich aufgrund hoher Öleinnahmen überproportional entwickelten, waren der Dienstleistungssektor und die Immobilienwirtschaft. In den 1980er- und 1990er-Jahren ging der Weltmarktpreis für Öl jedoch deutlich zurück. Aufgrund der fehlenden nachhaltigen Industriesektoren mussten alle Ölstaaten deshalb zum Ausgleich der entstehenden Einkommensverluste schmerzhafte strukturelle Anpassungsprozesse durchlaufen. Hierzu mussten sie Teile des Staatssektors privatisieren, das Steuersystem reformieren und Außenhandelszölle reduzieren. Seit Beginn der 2000er-Jahre stieg der Weltölpreis erneut an und leitete eine zweite, durch Erdöl-einnahmen finanzierte, Wachstumsphase in den erdölexportierenden Ländern der Region ein. Insbesondere die Golfstaaten investieren seitdem erneut massiv in den Dienstleistungssektor und in die Immobilienwirtschaft. Viele der kleineren Golfstaaten bauen nebenher ihre Tourismus- und Transportsektoren aus. Zusätzlich dazu wird aber auch gerade in der boomenden Golfregion versucht, die bereits existierende petrochemische Industrie zu diversifizieren und neue Produktionsbetriebe innerhalb von exportorientierten Wirtschafts-zonen anzusiedeln. Hierfür werden viele ausländische Arbeitskräfte in die Region geholt, insbesondere aus Asien, da ihnen geringere Löhne gezahlt werden können als arabischen Arbeitskräften (Richter 2012: 41).

Mit Ausnahme Israels und teilweise Tunesiens und Marokkos verfügt jedoch gegenwärtig kein Land der Region über einen Wirtschaftssektor, der auf dem Weltmarkt wettbewerbsfähig ist. Die einzige Ausnahme bildet der Tourismus, der sich seit den 1990er-Jahren wegen der geografischen Lage und klimatischer Bedingungen, aber auch aufgrund der der damaligen politischen Stabilität in der Region als ein konkurrenzfähiger und ständig wachsender Wirtschaftssektor etablierte. In vielen Ländern ist der Tourismus seit Mitte der 1990er-Jahre zur wichtigsten Einnahmequelle internationaler Zahlungsmittel geworden (Richter 2012: 42-44).

3.2 Politischer Umbruch

Ab Jahresbeginn 2011 kam es innerhalb der Bevölkerung in einigen Staaten der MENA-Region zu Unruhen. Die Menschen begannen, sich gegen die herrschende Unfreiheit, soziale Ungerechtigkeit und Korruption zu wehren. In der Presse wurde dies oft als „Arabischer Frühling" bezeichnet. Die Proteste hatten vielfältige politische, wirtschaftliche und soziale Ursachen, die in unterschiedlicher Zusammensetzung in allen Staaten wirkten. Hervorgerufen wurden die Unruhen vor allem durch die politische Unfreiheit, die rigide Kontrolle der Bevölkerung, die Selbstbereicherung von kleinen Gruppen oftmals miteinander ver-schwägerter Politiker und Unternehmer, die ausgeprägte Korruption, die zunehmend fallende Kaufkraft und die Defizite im Bildungs- und Gesundheitswesen. Aufgrund des hohen Bevölkerungswachstums war und ist das größte Problem in allen Gesellschaften der MENA-Region die Arbeitslosigkeit der Jugendlichen und jungen Erwachsenen bis 30 Jahre. Diese stellen mit durchschnittlich 50-60 Prozent nicht nur den größten Anteil an der Gesamt-bevölkerung, sondern weisen mit bis zu 40 Prozent auch die höchste Arbeitslosenrate auf. Bereits in den zwischen 2002 und 2009 veröffentlichten fünf umfangreichen Arabischen Entwicklungsberichten (Arab Human Development Reports) wurden diese Missstände genannt. Doch sie wurden von den Regierungen weder massiv noch nachhaltig bekämpft und verschärften sich nach der globalen Finanzkrise seit 2008. Dennoch überraschten die Umbrüche von 2011 die politischen Beobachter und erst Recht die betroffenen Regierungen (Mattes 2012: 65 ff.).

Inzwischen hat sich die innenpolitische Situation in den arabischen Staaten deutlich verändert. In drei Staaten, Tunesien, Ägypten und Libyen, kam es zum Sturz der Staatsführung. In Ägypten kam es zu ersten freien Parlaments- und Präsidentenwahlen. Doch der Sieger der Wahlen, Präsident Mohammed Mursi wurde durch die Streitkräfte (mit weiter Zustimmung der Bevölkerung) wieder abgesetzt, und es wurde eine Regierung von Technokraten installiert. Das Militär versprach Wahlen, die im kommenden Jahr stattfinden sollen. Tunesien befindet sich seit dem Sturz des Präsidenten in einer schwierigen Übergangsphase und in Libyen ist die politische Regierung nach die Parlamentswahlen politisch gelähmt. Die Regierung scheiterte bisher daran, die bewaffneten Milizen unter ihre Kontrolle zu bringen. In Syrien hatte Präsident Baschar al-Assad Reformen zugesagt und eine neue Verfassung vorgelegt, doch inzwischen befindet sich das Land in einem Bürgerkrieg. In Bahrain dauern die vom Arabischen Frühling ausgelösten Proteste noch an. In Marokko, Jordanien, Kuwait und in Oman brachten größere, aber weitgehend friedlich verlaufende Demonstrationen die Staatsführungen dazu, zum Teil weitreichende politische Reformen einzuleiten. In Saudi-Arabien wurden 2013 zum ersten Mal Frauen in den Schura-Rat, die beratende Versammlung des Landes, aufgenommen, die als eine Art Oberhaus agiert. Bei den für 2015 geplanten Kommunalwahlen sollen Frauen zum ersten Mal wählen und kandidieren dürfen (ZDFheute 2013).

Die unterschiedlichen Entwicklungen und Auswirkungen der Proteste in der Region haben die Heterogenität der Länder noch einmal verstärkt. Die politischen Umbruchprozesse hatten in der gesamten Region auch ökonomische Auswirkungen. Diese waren vor allem dort besonders schwerwiegend, wo die politischen Auseinandersetzungen länger andauerten, blutig verliefen und die Wirtschaft eine starke Außenorientierung aufwies. Am wenigsten hatten die energiereichen arabischen Golfstaaten wirtschaftlich unter dem „Arabischen Frühling" zu leiden. Nach Schätzungen arabischer Finanzanalysten verursachte der Umbruch allein 2011 Kosten in Höhe von rund 50 Milliarden US-Dollar, sei es durch direkte Kriegsschäden, wie in Libyen, Syrien und Jemen, oder durch indirekte Auswirkungen, wie wegbrechende Exporte oder negative Auswirkungen auf den Tourismus (Mattes 2012: 78).

3.3 Herausforderungen im patrimonialen Kapitalismus

In der arabischen Welt wurden Reformmaßnahem und Programme für die Ökonomien meist unter Berücksichtigung des politischen Machterhalts der herrschenden politischen Regime implementiert. Diese Logik unterscheidet sich stark von dem neoliberalen Denken, das die Strukturanpassungsprogramme der Weltbank im Rahmen des Washingtoner Konsens be-stimmte. Die Strukturanpassungsprogramme strebten explizit eine liberalisierte marktwirt-schaftliche Ordnung an (vgl. Abschnitt 2), wohingegen es den arabischen Herrschern um ihren nahezu uneingeschränkten politischen Machterhalt ging. Dies war nämlich angesichts der sich rasch verändernden Welt und der enormen wirtschaftlichen Herausforderungen nicht einfach. In diesem Sinne war die Strukturanpassung, wie sie in den arabischen Staaten stattgefunden hat, eher ein politisches Projekt der Modernisierung autoritärer Herrschaft als ein ökonomisches Projekt der Etablierung leistungsfähiger Marktstrukturen. Nach rund fünfzehn Jahren stehen als Resultat der Reformprozesse aber keine liberalen Marktwirtschaften, sondern ein ganz spezieller Mischtyp einer Wirtschaftsordnung, die zwar bei oberflächlicher Betrachtung in einigen Merkmalen der typischen Marktwirtschaft ähnelt, aber in der Funktionslogik völlig anders ist. Dies trifft auf alle arabischen Staaten zu, die Strukturanpassung betrieben haben, obwohl sich die MENA-Länder teilweise enorm hinsichtlich ihrer Größer, ihres relativen Ressourcenreichtums bzw. ihrer Ressourcenarmut, aber auch hinsichtlich der politischen Ausrichtung der Regierungen unterscheiden. Der „patrimoniale Kapitalismus", wie Schlumberger ihn in einem Aufsatz für das Deutsche Institut für Entwicklungspolitik (Schlumberger 2005) nennt, macht die Besonderheiten, die Probleme und Herausforderungen der Region deutlich, die in der Entwicklungszusammenarbeit berücksichtigt werden müssen.

Der patrimoniale Kapitalismus ist demnach einerseits gekennzeichnet von formellen Regeln, Institutionen und Organisationen, aber andererseits auch durch informelle Werte, Regeln und Interaktionsmuster. Diese beiden Arten von Regeln stehen jedoch in Opposition zueinander. Darüber hinaus dominieren die informellen Normen und Verhaltensmuster und werden strenger befolgt als formelle Regeln oder Gesetze. Dies führt zu Informalität. Generell gibt es in der MENA-Region keine Rechtsstaatlichkeit: formale Gesetze finden nur dann Anwendung, wenn sie die Interessen der herrschenden sozialen Koalition oder Allianz zwischen politischen und privatwirtschaftlichen Eliten schützen und fördern. Der patrimoniale Kapitalismus neigt zu ineffektiver Wettbewerbspolitik wenn er überhaupt eine betreibt. Policy-Reformen folgen darüber hinaus nicht der ökonomischen Logik internationaler Entwicklungsorganisationen, sondern der politischen Logik des Machterhalts der Regime und ihrer Klientel. Der patrimoniale Kapitalismus ist in hohem Maße durch die vorherrschende sozio-politische Ordnung geprägt und wird in mancherlei Hinsicht auch durch sie definiert und nicht etwa umgekehrt (Schlumberger: 365 ff.).

In wettbewerbsbasierten Marktökonomien sollte es einen funktionierenden Preismechanismus geben und die Freiheit von Produzenten wie Konsumenten gewährleistet werden, damit sie wohlfahrtsoptimierend wirken. Im patrimonialen Kapitalismus hingegen werden Marktmechanismen strukturell außer Kraft gesetzt. Dies hat aber nichts mit der

Tatsache zu tun, dass Märkte imperfekt sind, wo immer sie existieren und dass auch in Wettbewerbsökonomien Marktversagen auftritt. Denn in funktionsfähigen Marktwirtschaften ist es die Regelungskraft einer „Dritten Partei" (also: des Staates), die solches Marktversagen aufzuheben oder zu kompensieren versucht. Diese „Dritte Partei" gibt es im patrimonialen Kapitalismus nicht (Schlumberger: 371).

Trotz gewisser Unterschiede zwischen einzelnen Staaten, haben sie alle Entwicklung verpasst, sodass ein liberalerer Außenhandel wünschenswert wäre. Die Entwicklungszusammenarbeit hat besonders auf sozio-politischem Terrain mit immensen Herausforderungen in der MENA-Region zu kämpfen. Es gibt viel Korruption und informelle soziale Interaktionsmuster. Die Regeln der Gesellschaft und beruhen auf machtpolitischen Hierarchien und verfolgen das Ziel des politischen Regimeerhalts. Damit in der arabischen Welt tatsächlich „Wirtschafts-förderung" betrieben werden kann, müssen die externen Förderer laut Schlumberger die Besonderheiten des Wirtschaftstyps in der Region stärker berücksichtigen als bisher und einen Schwerpunkt in der Wettbewerbs- und Anti-Monopolpolitik setzen (Schlumberger 2005: 373).

Das BMZ hat in seinem Nahostkonzept für eine nachhaltige Entwicklung vier Schwerpunkte für die entwicklungspolitische Zusammenarbeit mit den Partnerländern der MENA-Region festgelegt: a) Wasserressourcenmanagement, b) Erneuerbare Energie und Energieeffizienz, c) Bildung und d) Nachhaltige Wirtschaftsentwicklung (GIZ 2012: 8). Auf den Schwerpunkt der erneuerbaren Energien und der Energieeffizienz in der MENA-Region wird im folgenden Abschnitt genauer eingegangen.

4. Analyse

4.1. Erneuerbare Energien in der MENA-Region

In diesem Abschnitt wird die Energiesituation in der MENA-Region aufgezeigt, sowie die daraus entstehenden Herausforderungen. Es wird erläutert, welches Potenzial die Region bezüglich des Ausbaus erneuerbarer Energien hat und welche Technologie am geeignetsten ist. Darüber hinaus wird ein Überblick über die bereits implementierten Projekte gegeben.

4.1.1 Energiesituation in der MENA-Region

Nach dem „Arabischen Frühling" sieht es derzeit so aus, als würde sich die arabische Wirtschaft wieder erholen. Das Bruttoinlandsprodukt (BIP) in der MENA-Region ist 2012 um 3,8 Prozent gewachsen, im Jahr zuvor waren es 2,4 Prozent. Dies liegt vor allem an der Erholung des ölexportierenden Libyen, wo ein Wachstum des BIP von 108 Prozent verzeichnet wurde. In Marokko und auch in Jordanien ist das BIP um 3,0 Prozent, in Ägypten um 2,6 Prozent und in Tunesien um 2,4 Prozent gewachsen. 2013 erwartet die Weltbank ein Wachstum von 3,4 Prozent für die MENA-Region, für 2014 rund 3,9 Prozent und für 2015 sogar ein Wirtschaftswachstum von 4,3 Prozent (Weltbank 2013: 125).

Der Energieverbrauch in der MENA-Region hat seit 2000 um etwa 5,2 Prozent jährlich zugenommen. Insgesamt wird die Energienachfrage bis 2030 über den Weltdurchschnitt steigen, von 2010 bis 2030 um rund 3 Prozent jährlich, während die Stromnachfrage der Region im gleichen Zeitraum laut Prognose sogar um 6 Prozent jährlich steigen wird (OECD 2013: 23). Doch auch der globale Energieverbrauch nimmt weiter zu: Die Energy Information Administration (EIA) schätzt in ihrem neuesten Bericht, dass der Energieverbrauch von 524 Billiarden British thermal unit (Btu) im Jahr 2010 auf 630 Billiarden Btu im Jahr 2020 und 820 Billiarden Btu im Jahr 2040 steigen wird. Innerhalb von 30 Jahren wird demnach der Eergieverbrauch um 56 Prozent wachsen. Mehr als 85 Prozent des Anstiegs von 2010 bis 2040 wird in dem Szenario von Entwicklungsländern außerhalb der OECD ausgehen (EIA 2013: 9).

Die Prognosen machen deutlich, dass die MENA-Region in den nächsten Jahren und Jahrzehnten aufgrund des Bevölkerungs- und Wirtschaftswachstums vor der Herausforderung eines enorm wachsenden Energiebedarfs steht. Gleichzeitig muss aufgrund des globalen

Klimawandels auf eine Reduzierung der Treibhausgasemissionen geachtet werden. Ein ungebremstes Wachstum auf Basis fossiler Energieträger ist demnach keine Option für die MENA-Region. Dies ist angesichts der enormen Energieressourcen der MENA-Region eine besondere Herausforderung: Die Länder der MENA-Region besitzen insgesamt zwei Drittel der weltweiten Ölreserven (733,9 Milliarden Barrels) und sind für rund 24 Prozent der globalen Ölproduktion (24,57 Millionen Barrels am Tag) verantwortlich. Darüber hinaus sind in der Region rund 45 Prozent der globalen Gasreserven (81,2 Trillionen Kubikmeter) vorrätig und die Region ist für 17 Prozent der gesamten Gasproduktion verantwortlich (Erdle 2010). Daher ist es kaum verwunderlich, dass der Anteil erneuerbarer Energien in der MENA-Region noch sehr gering ist. Im Jahr 2009 lag ihr Anteil am Energiemix in der Region bei lediglich rund vier Prozent (OECD 2013: 22,23).

Die Länder der Region lassen sich bezüglich der Energieversorgung laut Weltbank in zwei Gruppen unterteilen: Auf der einen Seite gibt es die Länder, die fossile Energieressourcen besitzen. Diese Länder werden weiterhin vor der Herausforderung stehen, wie sie ihre Ressourcen langfristig zu ihrem besten ökonomischen Vorteil nutzen. In der Vergangenheit war es oft so, dass die inländischen Energiepreise zu niedrig gehalten wurden und dies zu einem ineffizienten Energieverbrauch geführt hat. Die zweite Gruppe besteht aus den Ländern, die nicht mit fossilen Energieträgern ausgestattet sind. Für sie besteht die Schwierigkeit in Zukunft darin, ihre Entwicklung voranzutreiben und zu maximieren, während sie den Import von fossilen Energieträgern regeln müssen (Weltbank 2012b).

Die steigende Energienachfrage und die erhöhten geopolitischen Risiken, die auch mit den aktuellen Vorfällen in der MENA-Region zusammenhängen (vergleiche Abschnitt 3.2), werden den Druck auf steigende Energiepreise in den nächsten Jahren weiter erhöhen. Derzeit sind in der Region die Energiepreise niedrig und die Subventionen für fossile Energieträger hoch (OECD 2013: 22). Darum ist es wichtig, die Förderung erneuerbarer Energien auf internationaler Ebene in die Entwicklungszusammenarbeit einzubinden, um einerseits einen Beitrag im Kampf gegen den globalen Klimawandel zu leisten und andererseits für Energiesicher. Viele Initiativen und Projekte in der Region erhoffen sich von dem Ausbau der erneuerbaren Energien aufgrund der Nähe zu Europa, dass bis spätestens 2050 auch die Produktionsüberschüsse der MENA-Region nach Europa transportiert werden können. Auf dieser Vision basiert etwa die Desertec-Initiative, die in Abschnitt 4.2 erörtert wird.

4.1.2 Potenzial erneuerbarer Energien

Laut einer Studie der Friedrich-Ebert-Stiftung liegen 45 Prozent des weltweiten Potenzials erneuerbarer Energien in der MENA-Region (Jalilvand 2012). Ein weiteres, immer wieder auftauchendes Schlüsselargument für den Ausbau erneuerbare Energien in der Region ist laut Erdle, dass die MENA-Region viele bedeutende Wettbewerbsvorteile in diesem Bereich hat, denn die Solar- und Windbedingungen in der Region gehören zu den besten der Welt. Marokkos Atlantikküste, Ägyptens Küste am Roten Meer und auch große Teile von Nordafrikas Mittelmeerküste sind beispielsweise außergewöhnlich starken und beständigen Winden ausgesetzt. Die gesamte Region gehört darüber hinaus zum globalen „Sonnengürtel", dessen Sonneneinstrahlung pro Quadratmeter den vergleichbaren Regionen in Südeuropa weit überlegen ist – und mehr Sonnenlicht bedeutet auch mehr Erträge. Zusätzlich zur Wind- und Solarenergie haben einige Länder auch ein nicht zu vernachlässigendes Hydropower- und Biomassepotenzial. Wenn die Region dieses enorme Potenzial auf eine systematische Art und Weise ausschöpft, kann sie die Vorteile kapitalisieren und ihren nationalen Entwicklungs-perspektiven einen neuen Antrieb verleihen (Erdle 2010: 25).

Die Regierungen in der MENA-Region haben inzwischen erkannt, dass sie ihre Energiepolitik ändern müssen. Viele Länder der haben ehrgeizige Programme initiiert, um den Anteil erneuerbarer Energien in ihrem nationalen Energiemix zu erhöhen – von fünf Prozent bis hin zu 40 Prozent bis 2020 oder 2030. Was die Energiepolitik und Gesetzgebung betrifft, so können die Länder der MENA-Region laut Weltbank in vier Hauptkategorien mit folgenden dazugehörigen Staaten unterteilt werden.

1. Länder, die weder eine Zielvorgabe für den Ausbau von EE-Quellen haben noch eine EE-Strategie oder EE-Gesetzgebung verabschiedet haben, wie beispielsweise Dschibuti, Irak oder Oman.

2. Länder, die bis zu einem gewissen Grad eine Zielvorgabe für EE haben (z.B. 5 bis 10 Prozent EE bis 2020), aber sich noch nicht mit EE-Strategien auseinandergesetzt haben. Hierzu gehören der Staatenbund der Arabischen Halbinsel mit Kuwait, Bahrain, Saudi-Arabien, Katar und die Vereinigten Arabische Emirate.

3. Länder, die eine Zielvorgabe für Erneuerbare Energien haben und ein EE-Gesetz entwerfen, wie Libyen, Syrien und Jemen.

4. Länder, die eine Zielvorgabe für EE haben, eine EE-Strategie und verbindliche Gesetzesvorgaben haben. Zu ihnen zählen die meisten nordafrikanischen Länder, wie Ägypten, Jordanien, Marokko, Tunesien und Algerien. (Weltbank 2012b: 199 f.)

Am interessantesten für den Ausbau erneuerbarer Energien ist für diese Arbeit die vierte Ländergruppe, da es in den Ländern bereits Zielvorgaben, Strategien und rechtliche Rahmenbedingungen gibt. Diese Länder kommen den Ländergruppen IIIa und IIIb aus Abschnitt 2.5 sehr nahe. In Ägypten gibt es inzwischen eine sogenannte New Energy Policy mit dem Ziel, den Anteil der erneuerbaren Energien am Energiemix bis 2020 auf 20 Prozent zu erhöhen. In Jordanien soll der Anteil bis 2020 zehn Prozent betragen, in Tunesien soll dies sogar bis 2014 schon erreicht werden. Algerien will den Anteil bis 2030 auf 20 Prozent erhöhen. Den ambitioniertesten Plan hat Marokko – dort will man bis 2020 den Anteil sogar auf 42 Prozent erhöhen. In Marokko wurde zudem bereits 2010 der Moroccan Solar Plan ins Leben gerufen, um die Solarenergie weiter auszubauen. In Jordanien gibt es einen Long-Term Development Plan und eine nationale Energiestrategie. Algerien, Marokko und Tunesien haben bereits Referenzprojekte der Desertec Initiative vorangetrieben, auf die im Abschnitt 4.2 genauer eingegangen wird. Darüber hinaus hat Algerien bereits einen Feed-in Tariff eingeführt, wie er in Abschnitt 2.4 vorgestellt wurde, um die Investitionen in erneuerbare Energien zu fördern. In Jordanien gibt es bereits erste fundamentale Reformen wie das 2010 ratifizierte Renewable Energy and Efficiency Law und den eingerichteten Jordan Renewable Energy and Energy Efficiency Fund (Jordan REEF), um finanzielle und technische Unterstützung in der Energieeffizienz zu mobilisieren. Darüber hinaus werden in Jordanien das Net Metering und das öffentliche Ausschreibungsverfahren (vgl. Abschnitt 2.4) angewendet (vgl. Weltbank 2012b: 201-205).

Das Potenzial der erneuerbaren Energiequellen in der MENA-Region ist ökonomisch betrachtet sehr unterschiedlich. Aufgrund der Wind- und Sonnenbedingungen sind vor allem die Windenergie und Photovoltaik-Anlagen Optionen, die bereits verstärkt genutzt werden. Das größte Potenzial für die Region hat jedoch die Technologie der Solarthermiekraftwerke, bzw. der Concentrated Solar Plants (CSP). Dies wird besonders in der Tabelle 2 (S. 39) deutlich. Gerade die ressourcenarmen Länder der MENA-Region, die auf Energieimporte angewiesen sind, wie Ägypten, Marokko, Libyen und Algerien, können von einem Ausbau der CSP-Technologie profitieren.

	Hydro		CSP		Wind		PV	
	Tech.	Econ.	Tech.	Econ.	Tech.	Econ.	Tech.	Econ.
Bahrain	5.0	n.a.	36	33	n.a.	0.1	n.a.	0.3
Cyprus	24.0	1.0	23	20	10.0	0.5	n.a.	0.2
Iran	88.0	48.0	>	20000	n.a.	8.0	n.a.	16.0
Iraq	90.0	67.0	30806	28647	300.0	10.0	n.a.	6.8
Israel	44.0	7.0	318	318	22.0	0.5	n.a.	4.0
Jordan	n.a.	0.1	6434	6429	109.0	2.0	n.a.	4.5
Kuwait	n.a.	n.a.	1525	1525	n.a.	n.a.	n.a.	2.5
Lebanon	2.0	1.0	19	14	9.0	0.2	n.a.	1.5
Oman	n.a.	n.a.	20611	19404	44.0	8.0	n.a.	4.1
Qatar	n.a.	n.a.	823	792	n.a.	n.a.	n.a.	1.0
Saudi Arabia	n.a.	n.a.	125260	124560	300.0	20.0	n.a.	13.9
Syria	7.0	4.0	10777	10210	98.0	12.0	n.a.	8.5
UAE	n.a.	n.a.	2078	1988	n.a.	n.a.	n.a.	3.0
Yemen	n.a.	n.a.	5143	5100	8.0	3.0	n.a.	25.8
Algeria	5.0	0.5	169440	168972	7278	35.0	n.a.	13.9
Egypt	80.0	50.0	73656	73656	7650	90.0	n.a.	36.0
Libya	n.a.	n.a.	139600	139477	5363	15.0	n.a.	3.9
Morocco	5.0	4.0	20151	20146	1188	25.0	n.a.	17.0
Tunisia	1.0	0.5	9815	9244	50.0	8.0	n.a.	5.0
Greece	25.0	12.0	44	4	136.0	15.0	n.a.	4.0
Italy	105.0	54.0	88	7	223.0	60.0	n.a.	10.0
Malta	n.a.	n.a.	2	2	n.a.	0.2	n.a.	0.1
Portugal	33.0	20.0	436	142	63.0	20.0	n.a.	3.0
Spain	70.0	41.0	1646	1278	226.0	60.0	n.a.	5.0
Turkey	216.0	122.0	405	131	200.0	55.0	n.a.	28.6
Total [TWh/y]		432		632099		447		218

Tabelle 2: Ökonomisches Potenzial von erneuerbaren Energiequellen in Südeuropa und der MENA-Region in TWh/Jahr (Quelle: Alnaser/Trieb/Knies 2007, S. 267).

In solarthermischen Kraftwerken wird mithilfe der CSP-Technologie die direkte Sonneneinstrahlung über den Einsatz von Spiegeln stark konzentriert und dadurch erhitzt. Über konventionelle Wärmckraftmaschincn kann dicsc Wärme dann zur Stromerzeugung genutzt werden. Es gibt drei verschiedene Kraftwerkstypen: die Parabolrinnenkraftwerke mit einem Absorberrohr in einem trogförmigen Paraboloidspiegel sowie Paraboloid- und Solarturmkraftwerke, in denen es einen punktförmigen Strahlungsempfänger gibt. Die Paraboloidkraftwerke benutzen einen einzelnen Spiegel, während in Solarturmkraftwerken ein Feld die Sonneneinstrahlung auf einen Wärmetauscher, der sich auf der Spitze des Turmes befindet, lenkt (Löfken 2008).

Der Vorteil von CSP, gegenüber Photovoltaik und Windenergie, ist, dass die Energie aus Solarthermie speicherbar und flexibel ist. Darüber hinaus ist sie trotz der technologischen Komplexität bereits verfügbar und – aufgrund der hohen Investitionskosten zumindest auf mittlere und lange Sicht – kosteneffektiv. Im Gegensatz zu konventionellen Kraftwerken, die günstig im Bau, aber teuer in der Unterhaltung sind, sind CSP-Anlagen zwar teuer im Aufbau, aber günstig zu unterhalten. Da die Kosten für CSP überwiegend Investitions- und Kapitalkosten sind. Die Unterhaltungs- und Managementkosten machen schätzungsweise lediglich 20 Prozent aus, während 80 Prozent der Gesamtkosten, die in der Lebensdauer einer Anlage anfallen, für den Bau benötigt werden (Erdle 2010: 8).

Die Union für das Mittelmeer (UfM), der die 28 EU-Mitgliedsstaaten angehören, sowie die Europäische Kommission und 15 Mittelmeerländer (darunter auch Marokko, Jordanien, Palästina, Libanon, Israel und Tunesien) hat 2008 den Mittelmeersolarplan (MSP) verabschiedet, in dem sich die Mitgliedsländer der UfM darauf verständigt haben, bis 2020 20 Gigawatt Strom aus erneuerbaren Energiequellen zu erzeugen. Der MSP gilt hierbei als gemeinsames Regelwerk für einen schnellen, kosteneffizienten und langfristigen Ausbau von EE-Technologien in der Mittelmeer-Region (OECD 2013: 32).

Der Ausbau von erneuerbaren Energien im Allgemeinen kann in der MENA-Region verschiedene positive Effekte auf die lokale Wirtschaft haben, laut OECD vor allem auf die Schaffung von lokalen Arbeitsplätzen. Diese Wirkung kann sowohl direkt in Form von Beschäftigung in der EE-Branche erfolgen oder über indirekte Beschäftigung. Da die Nachfrage nach Investitionen im Energiesektor betroffen ist, hat dies Auswirkungen auf die Beschäftigung, die wiederum abhängig ist von der Produktivität der Branche. Energiepreisschwankungen haben zudem einen Einfluss auf das Einkommen, den Konsum und die Produktionskosten. Ein Anstieg der Produktivität aufgrund von neuen Investitionen und Technologien führt zu mehr Wettbewerb. All diese Mechanismen haben einen Einfluss auf den ökonomischen Output und damit auch auf die Beschäftigung (OECD 2013: 36, 37).

Die Entwicklung der Erneuerbaren-Energien-Branche kann die Beschäftigung in Herstellungsprozessen, wie Design und Fabrikation vorantreiben, sowie in der Entwicklung und Forschung von Komponenten der Technologien erneuerbarer Energien. Diese Branchen benötigen viele verschiedene Fähigkeiten, von lower-skilled Arbeitern, wie etwa für die Instandhaltung der Gebäude, bis hin zu hochspezialisierten Mitarbeitern. Falls die einzelnen Komponenten der Kraftwerke vor Ort hergestellt werden, können sogar noch mehr Arbeitsplätze geschaffen werden. Zudem würden aufgrund der hohen Transportkosten für die großen Bauteile, die für Solarpanels und Windturbinen benötigt werden, die Kosten mit einer Herstellung vor Ort den Bau der Kraftwerke senken. Die Entwicklung von lokaler Produktion und Beschäftigung, die aus EE-Projekten folgt, ist allerdings nur möglich, wenn vertragliche Notwendigkeiten flexibel sind und die Hürden für die lokalen Marktzugänge reduziert werden (OECD 2013: 36-38).

Aufgrund des Fachkräftemangels in den meisten Ländern der MENA-Region ist es derzeit jedoch kaum eine Option für EE-Projekte, die Fachkräfte vor Ort zu suchen. Die MENA-Länder würden jedoch vom Technologietransfer stark profitieren, könnten ihre Wert-schöpfungskette erweitern und über Bildung und Ausbildungsprogramme die notwendigen Fähigkeiten erlernen. Eine Studie der Weltbank schätzt, dass mehr als 48.700 neue Jobs vor Ort für die Herstellung von EE-Komponenten bis 2025 geschaffen werden könnten. Die Studie unterstellt dabei eine starke Weiterentwicklung der Hersteller in den fünf MENA-Ländern Algerien, Ägypten, Jordanien, Marokko und Tunesien (Weltbank 2011 / OECD 2013: 37 f.).

4.1.3 Herausforderungen

Obwohl die Vorteile der Förderung von Solarstrom in der MENA-Region in vielen Studien belegt werden, bleiben Solarprojekte sehr komplex. Es gibt strukturelle Hindernisse und Interessenskonflikte auf nationaler, europäischer und interregionaler Ebene, sowie innerhalb der Energie-, Wirtschafts, Finanz-, Sicherheits- und Außenpolitik). Dies macht die Tragweite und Interessenskonflikte der Entwicklungspolitik, wie in Abschnitt 2.1 erläutert, deutlich (Werenfels/Westphal 2010: 24).

Die finanziellen Hindernisse liegen vor allem in den hohen Investitions- und Kapitalkosten von CSP-Anlagen. Die Investitionsentscheidungen müssen unter Bedingungen enormer Unsicherheit getroffen werden. Allein für das Desertec-Projekt rechnet die mit der Desertec Stiftung gegründeten Industrieinititive Dii bis 2050 mit Investitionen von 400 Milliarden Euro. Diese Investitionssumme bezieht sich auf den Bau von 50 Solarkraftwerken sowie 20 Hochspannungs-Gleichstrom-Übertragungsleitungen (HGÜ), wie die Studie TRANS-CSP ermittelt hat (Ruchser 2012: 92).

Für die Erfüllung des Mittelmeer-Solar-Plans und der darin vorgesehene Aufbau einer Kapazität von 20 Gigawatt bis 2020, rechnet die Solarthermalindustrie sogar mit einem kumultativen Investment von rund 97 Milliarden Euro. Hiervon würden 81 Milliarden Euro in die Konstruktion von Kraftwerken fließen und 16 Milliarden Euro in die Übertragungs-netzwerke. Die Beziehung zwischen dem Kraftwerkbau und den Übertragungsnetzwerken ist eine weitere Quelle der Unsicherheit. Die Entscheidung, ein Kraftwerk zu bauen, setzt voraus, dass der produzierte Strom in ein Netz eingespeist und exportiert werden kann. Der Netzbetreiber hingegen verlangt die Zusicherung, dass die Übertragungsnetzwerke wirklich genutzt werden und sich rentieren, bevor er eine so hohe Investition tätigt. Ein Grund für dieses Problem ist auf den Wunsch der Europäischen Union zurückzuführen, die Stromproduktion, den Transport und die Verteilung getrennt voneinander zu handhaben (Werenfels/Westphal 2010: 24).

Laut Weltbank gibt es drei Faktoren, die das kostenreduzierende Potenzial von CSP auf längere Sicht wahrscheinlich machen: Erstens müssen die Hersteller noch von den Skalenerträgen profitieren, wie etwa durch längere und automatisierte Produktionsabläufe, größere Beschaffunganstrengungen, um Komponenten und Materialien zu beziehen, und größere Budgets für Forschung und Entwicklung. Die Geschichte der Photovoltaik-Technologie lässt vermuten, dass eine Verdoppelung der Kapazitäten zu einer Kosten-reduzierung von 20 Prozent führt. Zweitens können technische Verbesserungen in bestimmten Komponenten realisiert und beschleunigt werden, wenn die Abteilung für Forschung und Entwicklung der Firmen auf die gestiegene Weltnachfrage reagieren. Besipielsweise haben technologische Fortschritte zwischen 1991 und 2004 dazu geführt, dass die Instand-haltungskosten für Parabolrinnensysteme um 30 Prozent reduziert und die Stromeffizienz um 20 Prozent gesteigert werden konnte. Drittens wird eine steigende Nachfrage mehr Marktteilnehmer in der Angebotskette hervorrufen, was aufgrund des Wettbewerbs zu einer Reduzierung der Komponentenkosten führt. Größere Firmen mit Erfahrung in Skalenerträgen durch Massenproduktion werden ebenso den Markt betreten und Marktwachstum erwarten. (Weltbank 2009: 2 f.)

Ein weiterer hoher Kostenpunkt sind die Übertragungsnetzwerke. Hier besteht das Risiko, dass die Netzwerkbetreiber ihre Monopolstellung weiter ausbauen. Zudem gibt es politische Hürden auf internationaler Ebene, insbesondere in Europa, wo fundamentale Entscheidungen gefällt werden müssen. Die Rahmenbedingungen sind immer noch auf konventionelle Energiesysteme ausgerichtet. Die inländische Quellen von erneuerbaren Energien werden noch bevorzugt und drittens gibt es lediglich nur nationale oder regionale Strommärkte. Der Energiemix und die Entwicklungen in der Infradtruktur sind so noch immer abhängig von der profitorientierter Logik privater Energieunternehmen. Zudem ist in Deutschland die Photovoltaik-Lobby sehr einflussreich, was es unter Umständen erschwert, den Ausbau von CSP-Anlagen voranzutreiben (Werenfels/Westphal 2010: 25-29).

Ein weiteres Problem könnte die Zurückhaltung der MENA-Staaten sein, sowie die Bevorzugung von anderen Energien. Wie in Abschnitt 3.1 aufgezeigt sind die Staaten der MENA-Region nicht nur politisch sehr heterogen, sondern unterscheiden sich auch in ihrer

Ressourcenausstattung. Dies kann immer wieder zu regionalen Konflikten in der Region führen. Laut OECD gibt es drei verschiedene Arten von Sicherheitsrisiken für Investitionen in der MENA-Region: die Rechts- und Investitionssicherheit, die Energieversorgungssicherheit, unter dem Aspekt von politischer und ökonomischer Erpressung, die Risiken für die Energieinfrastruktur sowie die Sicherheit für ausländisches Personal (OECD 2013: 44-47).

Die OECD sieht die speziellen Probleme der CSP-Technologie in der anfänglich mangelnden Profitabilität und in den hohen Risiken, die mit den privaten Investitionen zu tun haben. Diesen Risiken kann jedoch über Investitionsanreize entgegengewirkt werden, wie sie in einigen MENA-Ländern auch schon implementiert wurden. Dazu zählen regulatotrische, finanzielle, marktbarsierte und steuerliche bzw. fiskale Anreize, wie sie in Abschnitt 3.3 erklärt wurden (OECD 2013: 54 f.)

4.1.4 Projekte in der MENA-Region

Die Mitgliedsländer der Union für das Mittelmeer (UfM) haben sich in ihrem Mittel-meersolarplan darauf geeinigt, den Strom in der Region bis zum Jahr 2020 zu 20 Gigawatt aus erneuerbaren Energiequellen zu beziehen. Der MSP gilt hierbei als gemeinsames Regelwerk, um adäquate politisch-institutionelle, sozio-ökonomische und infrastrukturelle Bedingungen zu identifizieren und zu kreieren für einen schnellen, kosteneffektiven und langfristigen Ausbau von EE-Technologien in der Mittelmeer-Region (UfM 2013).

Ein weiteres multilaterales Projekt ist das der Desertec Stiftung, dessen Umsetzung in Anlehnung an das Regelwerk des MSP gestaltet wird. Wie die Desertec Stiftung und die Desertec Industrial Initiative (Dii), ein Joint Venture aus einer Vielzahl von Akteuren aus der Privatwirtschaft, den Ausbau von Solarenergie in der MENA-Region genau fördern wollen oder dies bereits tun, wird in Abschnitt 4.2 erläutert.

Das Medgrid Konsortium mit Sitz in Paris ist ein Netzwerk, an dem französische Unter-nehmen beteiligt sind. Gemeinsam mit Syrien und Jordanien will die Initiative eine Hochspannungsleitung zwischen Nordafrika und Europa bauen. Dieses Vorhaben steht im Einklang mit dem MSP und könnte ab 2020 rund 5 Gigawatt Strom zwischen den Südküsten des Mittelmeeres und Europa transportieren (Triebswetter 2011: 33 / OECD 2013: 33).

Darüber hinaus gibt es noch das Projekt des Mediterranean Ring (MedRing), das sich für den Netzausbau zwischen Europa und Nordafrika einsetzt. Renewable Energy Solutions fort he

Mediterannean (RES4MED) ist eine italienische Initiative, die als Interessensvertretung der südeuropäischen Länder beim Ausbau erneuerbarer Energien im Mittelmeerraum fungiert. Das enerMENA-Projekt des Deutschen Zentrums für Luft- und Raumfahrt (DLR), das ebenfalls im Rahmen der Desertec Stiftung arbeitet, ist für die technische, aber auch für die personelle Zusammenarbeit zuständig, indem sie vor Ort den Bau und den Betrieb der geplanten Solarkraftwerke in der MENA-Region betreuen wird (DLR 2013).

In Marokko wurde 2008 durch Fördermittel der AfDP, der Weltbank, des Marokkanischen Staates, des Istituto Credito Official (Spain) mit dem Bau eines Solarkraftwerks begonnen. Die Marokkanische Agentur für Solarenergie (MASEN) baut derzeit das erste Kraftwerk, das komplett auf solarthermischer Stromerzeugung basiert. Das Projekt wird zu 75 Prozent durch Kredite von der Weltbank, der afrikanischen Entwicklungsbank AfDB, der Europäischen Entwicklungsbank und der deutschen KfW finanziert. Das Kraftwerk soll 160 Megawatt Strom durch Sonneneinstrahlung erzeugen (Ruchser 2012: 93).

In der Nähe des ägyptischen Kureymat wurde bereits ein kombinierendes Kraftwerk errichtet, das durch die Weltbank, die japanische Entwicklungsbank und den ägyptischen Staat gefördert wurde. In Algerien wurde am Standort Hassi R'Mel ein Kraftwerk durch den algerischen Staat gefördert, das ebenfalls Solarenergie mit Erdgas kombiniert. Bei einer Kapazität von 150 Megawatt sollen dabei Ägypten 20 und in Algerien 30 Megawatt aus Solarenergie gewonnen werden (vgl. Werenfels/Westphal 2010: 23).

4.2 Desertec

In diesem Abschnitt wird das Desertec-Projekt genauer beleuchtet. Hierfür werden zunächst die Rahmenbedingungen der 2009 in Deutschland gegründeten Initiative aufgeführt sowie die Zielsetzung des Projektes. Mithilfe einer SWOT-Analyse sollen die Vor- und Nachteile dargestellt werden, um anschließend die immer wieder aufkeimende Kritik an dem Projekt zu erklären.

4.2.1 Das Desertec-Projekt

Die Desertec Stiftung ging 2008 aus dem fünf Jahre zuvor gegründeten Trans-Mediterranean Renewable Energy Cooperation Network hervor. Seit 2004 hatte das DLR verschiedene Studien zur solarthermischen Stromerzeugung durchgeführt, die schließlich von der Desertec Stiftung aufgegriffen wurden. Eine der Studien, die TRANS-CSP-Studie von 2006, hat ergeben, dass bis zum Jahr 2050 eine Investitionssumme von 400 Milliarden Euro benötigt würden, um 17 Prozent des Strombedarfs in Europa, der auf 4.000 Terawattstunden pro Jahr geschätzt wird, zu decken. In dem Szenario der TRANS-CSP Studie wird von einem Bau von 50 Solarkraftwerken und 20 Hochspannungs-Geichstrom-Übertragungseinheiten (HGÜ) ausgegangen, die eine Gesamtkapazität von 102 Gigawatt haben sollen. Bis 2050 sollen so 707 Terawattstunden pro Jahr nach Europa geliefert werden (Ruchser 2012: 92)

Auch die Privatwirtschaft in Deutschland interessierte sich für das Konzept. Daher wurde es wurde die Desertec-Industrie-Initiative Dii mit dem Ziel gegründet, bis zum Jahr 2050 einen Markt für Solarstrom aus der MENA-Region zu schaffen. Im Juni 2012 wurde in Zusammenarbeit mit dem Fraunhofer-Institut für System- und Innovationsforschung eine Studie mit dem Titel „Desert Power 2050" erarbeitet. Die Dii rechnet mit bis zu 20 Prozent Wüstenstrom für Europa und einem Nettoexportvolumen von über 1.000 Terawattstunden bis 2050. Dabei gehen die Forscher davon aus, dass die EU-MENA-Region einen vollständig integrierten Stromverbund hat und die Systemkosten optimiert hat (Dii 2012).

Das Desertec-Projekt könnte eine wichtige Rolle spielen, als Stimulus und Katalysator, das nicht nur in der Lage ist, die benötigten finanziellen und technologischen Inputs zu liefern, sondern auch die nötigen politischen und regulatorsichen Reformprozesse anzustoßen (Erdle 2010: 37).

Basierend auf dem Prinzip der Nachhaltigkeit (vgl. Abschnitt 2.2), will das Desertec-Konzept den Anteil erneuerbarer Energien in der MENA-Region ausbauen, insbesondere durch die Solarstromförderung. Dabei werden weder die Desertec Stiftung noch die Dii tatsächlich Kraftwerke bauen. Die Desertec Stiftung bezeichnet sich selbst als ein „lebendes Dokument, das gemäß der technologischen Entwicklung weiter entwickelt wird" (Desertec 2013a: 4).

Es wird erwartet, dass Desertec mit seiner Realisierung neue Arbeitsplätze und Geschäfts-möglichkeiten für lokale Firmen und Fachkräfte schaffen wird, den Technologietransfer und Lernprozesse beschleunigt, die dazu führen, dass die Wirtschaftsentwicklung und die Industrialisierungsprozesse intensiviert werden. In dieser Hinsicht könnte die versprochene großflächige Einführung von der CSP-Technologie ein vielversprechendes und zukunfts-weisendes Wachstumsmodell für MENA-Länder darstellen. Trotzdem merken auch die Desertec-Initiatoren an, dass die Maßnahmen etwa zwanzig Jahre brauchen werden um zu greifen und vollständig effektiv zu werden. Selbst wenn die betroffenen Länder sofort handeln, wird CSP im Energiemix vor dem nächsten Jahrzehnt kaum eine bedeutende Rolle spielen (Erdle 2010: 11).

Die Dii-Studie unterteilt die beteiligten Länder in „Superproduzenten", „Importeure" und „Balance-Länder". Als Superproduzenten bezeichnet die Dii beispielsweise die Maghreb-Staaten und Libyen, da sie hervorragende Ressourcen zur Erzeugung von Strom aus erneuerbaren Energien bei gleichzeitig relativ geringem Eigenbedarf haben. Die Importeure, zu denen etwa Frankreich und Deutschland in dieser Studie gezählt werden, haben einen hohen Strombedarf, aber nur ein begrenztes Potenzial zur Nutzung erneuerbarer Energie-quellen. Zu den Balance-Ländern zählt die Dii Ägypten, Syrien, Saudi-Arabien, Spanien, Großbritannien und Dänemark. Dort sind die Nachfrage nach und die Erzeugung von erneuerbarem Strom ausgeglichen. Bei der Bewertung des Potenzials betrachtet die Dii nicht nur die Stromgestehungskosten, sondern auch deren Verhältnis zur jeweils bestehenden Nachfrage. Jeder Typus profitiert demnach unterschiedlich von der Systemintegration (Dii 2012: 16 f.). Diese Kategorisierung von Ländern wird jedoch auch kritisiert. Ruchser merkt an, dass von einem theoretischen Optimum ausgegangen werde, das die bestehenden Realitäten ausblende (Ruchser 2012: 92).

Die Desertec-Initiative arbeitet eng mit Medgrid, und RES4MED zusammen. 2010 wurde das Desertec University Network gegründet. In Zusammenarbeit mit 18 Universitäten und Forschungszentren aus der MENA-Region und Instituten aus Europa soll so die Forschung und Weiterbildung der Arbeitskräfte vor Ort vorangetrieben werden. Hier findet also überwiegend Technologietransfer und personelle Zusammenarbeit statt. 2011 wurden weitere Projekte in Marokko, Tunesien und Ägypten realisiert. Eine Kooperation zwischen Schleswig-Holstein und Marokko, gefördert von der Europäischen Union und dem Bundesumweltministerium, soll die Rahmenbedingungen für den Ausbau von Windenergie und anderen erneuerbaren Energien in Marokko verbessern. Das Projekt mit dem Namen WEREEMa soll Bildungs- und Forschungsstrukturen aufbauen sowie Netzstudien, Windmessungen und Pilotprojekte durchführen.

Das Projekt RE-Generation MENA hingegen richtet sich an die Studenten in Ägypten und Tunesien. Das vom Auswärtigen Amt geförderte Projekt soll Studenten dabei helfen, sich dafür stark zu machen, dass ihre Länder die gesteckten Ziele für den Ausbau erneuerbarer Energien erreichen können. (Desertec 2013b).

Im April 2013 hat die Desertec Stiftung einen Kriterienkatalog veröffentlicht, der dazu dienen soll, solare Großprojekte in Wüstenregionen auch ökologisch und sozial verträglich umsetzen zu können Der Kriterienkatalog soll die Grundlage bilden, damit Projekte langfristig tragfähig sind (Desertec 2013c).

Das Bundeswirtschaftsministerium hat in seinem Strategiepapier zur Energiewende 2012 auch die Desertec-Initiative aufgenommen. Mithilfe von Desertec könne die deutsche Energieversorgung mittel- bis langfristig weiter diversifiziert werden heißt es darin. Darüber hinaus könne das Vorhaben dazu beitragen die Kosten der ambitionierten Zielvorgaben des Energiekonzepts zu senken. Die Bundesregierung unterstützt, unter der Koordinierung des Bundeswirtschaftsministeriums, die Desertec-Industrieinitiative seit ihrer Gründung. (BMWi 2012)

4.2.2 SWOT-Analyse

Steffen Erdle hat in seiner SWOT-Analyse zum Desertec-Projekt die Vor- und Nachteile der Initiative zusammengetragen (Erdle 2010: 37-50). In der Abbildung 3 sind die Stärken und Schwächen, sowie Chancen und Risiken stichwortartig zusammengetragen.

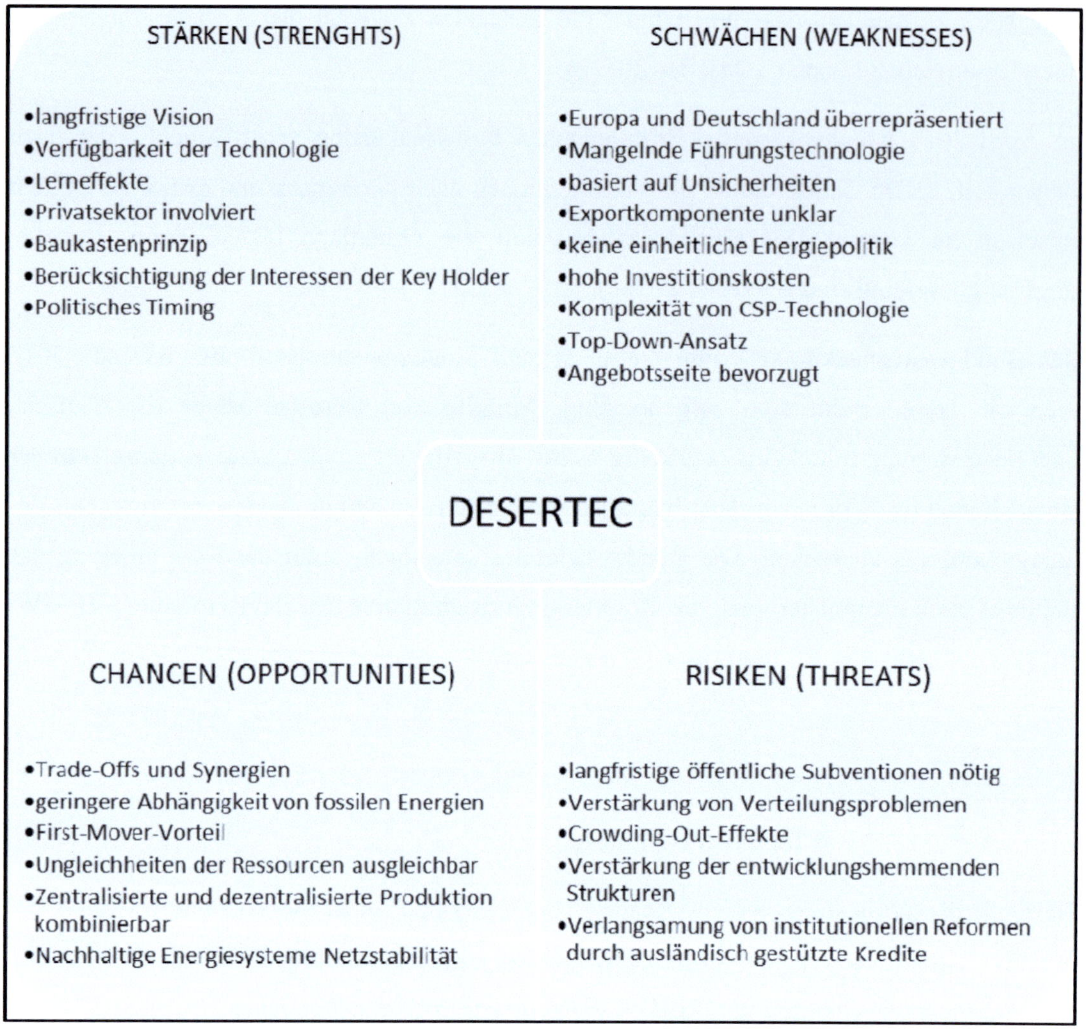

SWOT-Analyse

STÄRKEN (STRENGHTS)

- langfristige Vision
- Verfügbarkeit der Technologie
- Lerneffekte
- Privatsektor involviert
- Baukastenprinzip
- Berücksichtigung der Interessen der Key Holder
- Politisches Timing

SCHWÄCHEN (WEAKNESSES)

- Europa und Deutschland überrepräsentiert
- Mangelnde Führungstechnologie
- basiert auf Unsicherheiten
- Exportkomponente unklar
- keine einheitliche Energiepolitik
- hohe Investitionskosten
- Komplexität von CSP-Technologie
- Top-Down-Ansatz
- Angebotsseite bevorzugt

DESERTEC

CHANCEN (OPPORTUNITIES)

- Trade-Offs und Synergien
- geringere Abhängigkeit von fossilen Energien
- First-Mover-Vorteil
- Ungleichheiten der Ressourcen ausgleichbar
- Zentralisierte und dezentralisierte Produktion kombinierbar
- Nachhaltige Energiesysteme Netzstabilität

RISIKEN (THREATS)

- langfristige öffentliche Subventionen nötig
- Verstärkung von Verteilungsproblemen
- Crowding-Out-Effekte
- Verstärkung der entwicklungshemmenden Strukturen
- Verlangsamung von institutionellen Reformen durch ausländisch gestützte Kredite

Abbildung 2: SWOT-Analyse des Desertec-Projekts. Quelle: vgl. Erdle (2010), Anhang 5.

Als Stärken des Projekts nennt Erdle die langfristig ausgerichtete Vision als solche, die eine mögliche Alternative zu bereits vorhandenen konventionellen Energiesystemen schaffen will. Die technologische Basis sei vorhanden und es seien vermutlich keine weiteren technologischen Durchbrüche mehr bis zum Projektstart nötig. Erdle betont zudem die soliden Perspektiven für zukünftige Lerneffekte und den technologischen Fortschritt, die im besten Fall zu sinkenden Kosten in der Technologie führen. Zudem bewertet er es positiv, dass der Privatsektor direkt involviert ist und die Möglichkeit besteht, die nötigen Ressourcen und das Know-how zu mobilisieren. Einen weiteren Vorteil sieht er in dem „Baukastenprinzip" und der schrittweise Planung des Ansatzes, der zudem kompatibel mit den Interessen der Schlüsselakteure ist und sie ergänzt. Erdle hält auch das „günstige politische Timing" der

Initiative für eine Stärke, wobei diese angesichts der jüngsten Vorfälle in der MENA-Region in Frage gestellt werden könnte (vgl. Erdle 2010: 37-50).

Die Chancen sieht Erdle darin, dass eine große Anzahl von möglichen Synergien und Trade-offs bei den teilnehmenden Staaten und Institutionen einsetzen kann. Zudem biete Desertec die Möglichkeit, die Abhängigkeit vieler Länder von fossilen Energieträgern und die damit verbundenen Risiken zu reduzieren und die Import- und Exportmärkte zu diversifizieren. Damit können die Regierungen besser auf den steigenden regionalen Stromverbrauch reagieren. Die technologische Ausbildung und der Wissenstransfer können der Region einen sogenannten „First Mover"-Vorteil in einer Schlüsseltechnologie der Zukunft verschaffen (ebd.).

Schwächen des Projekts sieht Erdle unter anderem darin, dass europäische und deutsche Unternehmen im Dii überrepräsentiert seien und damit die große Asymmetrie der Projekt-struktur noch einmal verdeutlicht wird. Es fehle zudem eine ausgereifte Führungstechnologie – bisher gibt es bei den CSP-Anlagen lediglich Erfahrungen mit Pilotprojekten. Ein weiteres Problem sei die nicht vorhandene, einheitliche europäische Energiepolitik. Zudem haben CSP-Anlagen hohe Investitionskosten und zunächst niedrige Ertragsraten, was in einem Spannungsverhältnis zu den hohen Energiesubventionen der meisten MENA-Länder steht. Auch die Komplexität der CSP-Technologie, die eine spezielle Ausbildung der Arbeitskräfte voraussetzt, sei eine große Herausforderung für die Partnerländer. Erdle kritisiert zudem den top-down-Ansatz des Projekts, der den Hauptfokus auf die physischen und technischen Aspekte lege und die lokalen sozio-politischen und ökonomischen Aspekte weitgehend ignoriere. Als Risiken nennt er unter anderem die Notwendigkeit substantieller öffentlicher Subventionen über viele Jahre, deren Verteilung ungewiss sei, sowie mögliche Crowding-Out-Effekte auf lokalen Faktormärkten, und die großangelegten Zuschläge für ausländisch gestützte Kredite, die die nötigen institutionellen Reformen für einen nachhaltigen Branchenaufbau möglicherweise verlangsamen (ebd.). Ähnliche Risiken und Probleme sehen auch Werenfels und Westphal in ihrer Studie (Werenfels/Westphal 2010: 24-35). Doch die Forscher sind sich einig, dass das Projekt trotzdem realisierbar sei. (Werenfels/Westphal 2010: 35 f., Erdle 2010: 45)

Hierbei gilt zu beachten, dass die Initiative erst zwei Jahr zuvor entstanden war und bis dahin noch nicht viel passiert ist.

4.2.3 Kritik an Desertec

Aufgrund der von Erdle aufgezeigten Schwächen und Risiken des Projekts, gerät das Projekt immer wieder in die Kritik. Erst im Juli 2013 verkündete die Desertec Stiftung, dass sie bei der Desertec-Industrial-Initiative (Dii) ausgestiegen ist. Als Grund dafür nannte die Stiftung die „unüberbrückbaren Meinungsverschiedenheiten bezüglich der zukünftigen Strategie, den Aufgaben und der dafür notwendigen Kommunikation sowie nicht zuletzt des Führungsstils der Dii-Spitze" (Desertec 2013d). Diese Bekanntmachung wurde auch in der Presse umfangreich diskutiert. Die Auseinandersetzung zwischen Dii und Desertec Stiftung kam laut Markus Balser „für die Realisierung der Vision zur Unzeit. Denn der Bau der ersten großen Solar- und Windkraftwerke in Nordafrika und dem Nahen Osten ist beschlossene Sache". Für die Dii sei der Streit mit der Namensgeberin „ein neuer Rückschlag", nachdem bereits Siemens und Bosch der Gesellschaft den Rücken gekehrt hatten (Balser 2013).

„Die anfängliche Euphorie ist geschwunden, offenbar herrscht bei den Investoren mittlerweise Skepsis, denn vorläufig hat Desertec noch nicht viel vorzuzeigen", schreibt die Süddeutsche Zeitung in einem Artikel vom 11. Oktober 2010 (SZ 2010). Auch die Politik ist auf Distanz gegangen: In den veröffentlichten Plänen der Bundesregierung zum Ausbau erneuerbarer Energien tauchte, trotz der anfänglich wortreichen Unterstützung seitens der Bundesregierung für Desertec, das Projekt nicht mehr auf (ebd.).

Hermann Scheer, der Vorsitzender des Weltrats für Erneuerbare Energien und Präsident von Eurosolar, nennt in einem Interview mit dem Manager Magazin die Investitionskosten bei Desertec für „absurd" (Kaufmann 2009). Er wirft den Unternehmen vor, sie würden einer Fata Morgana hinterherlaufen und dass sich solch einen Plan „nur Theoretiker einfallen lassen, die von den praktischen Hindernissen eines solchen Projekts wenig Ahnung haben". Seiner Meinung nach verfolgen die beteiligten Konzerne das Ziel, „die Strukturen der heutigen Energieversorgung in das Zeitalter der erneuerbaren Energien zu verlängern" (Kaufmann 2009). Das Desertec-Projekt sei ein Weg, „auch Solarstrom unter Monopolbedingungen herzustellen" (ebd.).

Triebswetter kritisiert neben der aktuellen politisch unruhigen Situation in der MENA-Region auch die hohe Investitionssumme von 400 Milliarden Euro sowie das fehlende technologische Know-how für den Aufbau und Betrieb moderner Netze und Solarkraftwerke. Sie nennt diese Hindernisse einen „Hemmschuh für das Projekt" (Triebswetter 2011). Zudem sei es ein Problem, dass für die Integration erneuerbarer Energien kaum rechtliche Rahmenbedingungen existieren (Triebswetter 2011).

Schinke und Klawitter sehen in einer Studie für Germanwatch (Schinke/Klawitter 2010) ebenfalls eine Gefahr darin, dass der in der MENA-Region produzierte Strom hauptsächlich für den Export und nicht mehr für den Eigenbedarf genutzt wird. Die Projekte könnten so eher als „neokoloniales Instrument" wahrgenommen werden. Dies könnte Spannungen verstärken anstatt sie abzubauen (ebd.).

4.2.4 Aktueller Stand

Nachdem sich im Juli 2013 die Wege von der Desertec Stiftung und der Dii getrennt haben, ist das Projekt ins Stocken geraten. Den neuesten Meilenstein gab die Stiftung im April in Form von einem Kriterienkatalog bekannt. Der Kriterienkatalog soll dabei helfen, Projekte zu evaluieren, um etwa die Wirtschaftlichkeit, Nachhaltigkeit und die Beteiligung der lokalen Bevölkerung bei der Umsetzung der Projekte sicherzustellen. Damit reagiert die Stiftung auf einen Kritikpunkt, der aus der Studie von Germanwatch (Schinke/Klawitter 2010) hervorging, wo ein auf das Desertec-Projekt abgestimmter Kriterienkatalog gefordert wurde, um die Nachhaltigkeitsanforderungen weiter zu spezifizieren. Im September 2013 wurde zudem Desertec Frankreich gegründet.

In Ouarzazazte in Marokko wurde kürzlich mit dem Bau eines des größten Solarkraftwerks Nordafrikas begonnen. Im Jahr 2016 soll dort bereits Strom für eine halbe Million Menschen produziert werden. Es handelt sich hierbei jedoch nicht um ein „Desertec-Projekt", auch wenn der Konsortialführer des Kraftwerks das saudische Dii-Mitglied ACWA-Power ist. Nach aktuellen Informationen plant die Dii in Marokko, Tunesien und Algerien mit Referenz-projekten. 2012 wurde in Tunesien das solare Turmprojekt mit dem Namen TuNur ins Leben gerufen, der Spatenstich ist für 2014 geplant (Desertec 2012).

Wie in Abschnitt 4.1.2 aufgezeigt, hat sich auch in der Energiepolitik der MENA-Länder bereits etwas bewegt, so dass es für private Geldgeber zunehmend leichter und attraktiver wird, in Projekte zum Ausbau erneuerbarer Energien zu investieren (OECD 2013: 137-139).

Am 30.10.2013 hat die Dii darüber hinaus das Projekt REDIMENA (Renewable Energy Development and Investment Vehicle for MENA) auf den Weg gebracht. Das Projekt soll Projektgründern mit der Bereitstellung von Risikokapital helfen und so die Projekte bis in die Bauphase begleiten. Das Risikokapital beträgt jeweils 1 bis 4 Millionen Euro. (Dii 2013)

4.2.5 Ausblick

Inwiefern in Zukunft jedoch Dii-Projekte von Desertec-Projekten getrennt werden, bleibt abzuwarten. Während die Desertec Stiftung als „Wächter" des Konzeptes galt, hatte die Dii die Absicht, weitere Schritte in der Implementierung des Desertec-Konzepts voranzubringen, wie den Aufbau von Rahmenbedingungen, Studien und Projektpläne. (Schinke/Klawitter 2010: 9)

Mit dem Kriterienkatalog hat die Desertec Stiftung ihre Wächter-Funktion weiter ausgebaut, da Projekte im Bereich erneuerbarer Energien anhand der Desertec-Kriterien auf ihre Nachhaltigkeit untersucht werden müssen. Das TuNur Projekt in Tunesien etwa entspricht laut der Stiftung den Kriterien und wurde in den Jahren 2012 und 2013 „erfolgreich evaluiert" (Desertec 2013c).

Die Dii, die bislang immer unter dem Namen der Desertec-Industrie-Initiative aufgetreten ist, arbeitet jetzt nur noch als „Dii GmbH", denn die Stiftung hält die Namensrechte am Wüstenstromkonzept. Nach Angaben aus Kreisen der Dii in München wolle sie verhindern, dass die Planungsgesellschaft weiter den Namen Desertec trägt (Balser 2013).

5. Schlussbetrachtung

In dieser Arbeit wurde aufgezeigt, welche Rolle erneuerbare Energien in der Entwicklungszusammenarbeit mit der MENA-Region spielen können.

Die „neue Entwicklungsökonomik" und das Konzept des „nachhaltigen Wachstums" die in Abschnitt 2.1 vorgestellt wurde, haben gezeigt, dass nicht nur Wirtschaftswachstum zur Armutsbekämpfung in Entwicklungsländern beiträgt, sondern auch andere Faktoren, wie Technologietransfer, Marktmacht und unvollständige Informationen, berücksichtigt werden müssen.

Am Beispiel der MENA-Region, die politisch, gesellschaftlich und wirtschaftlich eine Herausforderung für die internationale Politik darstellt, wurde analysiert, dass der Ausbau erneuerbarer Energien nicht nur Vorteile für die Region bringt, sondern auch der globalen Klimapolitik und insbesondere der europäischen Energieversorgung Nutzen bringt. Angesichts der CO_2-Emissionen und des steigenden Energiebedarfs in der MENA-Region, wurde aufgezeigt, dass die Länder ihren Energiemix überdenken müssen. Das Potenzial hierzu in der Region ist in Form von Wind- und Solarenergie bereits vorhanden. Über private Investitionen, wie ausländische Direktinvestitionen, können für den Bau von Kraftwerken Sachkapital und neue Technologien in die Region exportiert werden, was langfristig zu Wirtschaftswachstum und Wohlstand führen kann. Dafür ist es wichtig, Investitionsanreize in Form von Subventionen oder Einspeisevergütungen zu schaffen, da die Investitionskosten für Solarkraftwerke beispielsweise sehr hoch sind. Ihre Umsetzung stellt angesichts des vorherrschenden patrimonialen Kapitalismus jedoch eine Herausforderung dar. Die 2011 angestoßenen Unruhen in der arabischen Welt verringern zwar die politische Stabilität und erhöhen damit das Sicherheitsrisiko für Investitionen, doch sie geben eine demokratischere Richtung vor und können somit den Weg für offenere Märkte ebnen und auf lange Sicht eine Abkehr vom patrimonialen Kapitalismus darstellen.

Wie in Abschnitt 4.1 gezeigt, haben die Regierungen bereits Fortschritte im Bereich der Förderung erneuerbare Energien gemacht. Mit ambitionierten Zielen, wie beispielsweise Marokkos Vorhaben, bis 2020 den Anteil der Erneuerbaren im Energiemix auf 42 Prozent zu erhöhen, versuchen besonders die nordafrikanischen Staaten, den Ausbau voranzutreiben. Internationale Initiativen wie der Mittelmeersolarplan helfen mit politischen, ökonomischen und ökologischen Rahmenbedingungen bei der Umsetzung von Projekten in den nordafrikanischen Staaten. So ist bereits mit dem Bau erster Solarkraftwerke in Marokko, Ägypten und Algerien begonnen worden. Weitere sind in Planung.

Das Desertec-Projekt ist 2009 als Megaprojekt gestartet, das Schätzungen zufolge 40 Milliarden Euro kosten wird. Mithilfe von Solarkraftwerken, die mit der CSP-Technologie Strom produzieren, soll bis 2050 nicht nur der Strombedarf der MENA-Region gedeckt werden können, sondern auch einen großen Teil des europäischen Strombedarf. Mithilfe der SWOT-Analyse in Abschnitt 4.2.2 wurde gezeigt, dass Desertec viele Stärken und Chancen aufweist, aber das Projekt in der Umsetzung eine Vielzahl an Hindernissen zu bewältigen hat. Viele Forscher halten das Projekt trotz der Schwächen und Risiken für realisierbar. Dem Projekt wird aber, wie in Abschnitt 4.2.3 erläutert, von Kritikern immer wieder vorgeworfen, lediglich die Interessen der europäischen Länder zu verfolgen anstatt die gesellschaftlichen, wirtschaftlichen und politischen Umstände in der Region zu berücksichtigen und darauf einzugehen.

Die jüngste Führungskrise des Desertec-Projekts, die im Juli 2013 mit dem Ausstieg der Desertec-Stiftung aus der Industrieinitiative Dii ihren Höhepunkt erlangte, hat das Projekt womöglich wieder zurückgeworfen. Die Desertec-Stiftung und die Dii GmbH positionieren sich in ihrer ursprünglich gemeinsam entworfenen Vision nicht konkret. Es bleibt unklar, welche Rolle die Desertec-Stiftung genau einnimmt – jetzt, wo sie die Verbindung zur Industrieinitiative aufgelöst hat. Ihre Wächterfunktion wurde aber durch den Kriterienkatalog, der zur Evaluation regionaler Projekte auf ihre ökologische, ökonomische und gesellschaftliche Nachhaltigkeit herangezogen wird, verstärkt. Welche Rolle die Dii in Zukunft einnehmen wird, wird sich noch zeigen müssen.

Aufbauend auf dieser Arbeit könnte als nächstes untersucht werden, welche Auswirkungen die Projekte auf die Wirtschaft in den einzelnen Ländern der MENA-Region haben. Darüber hinaus könnte die Rolle der erdölexportierenden Länder in dem Bereich erneuerbarer Energien in einer weiteren Analyse untersucht werden. Da inzwischen mit dem Bau des ersten Kraftwerks, das komplett auf solarthermischer Stromerzeugung basiert, begonnen wurde, empfiehlt sich nach der Inbetriebnahme eine Untersuchung zu Kapazitäten, Beschäftigung, Bau- und Betriebskosten.

Abschließend lässt sich sagen, dass sich der Ausbau erneuerbarer Energien in der MENA-Region zwar noch in einer Anfangsphase befindet, aber auf einem guten Weg ist. Dies zeigt sich an der wachsenden Anzahl von Energiestrategien, die die Regierungen in der Region bereits erarbeitet haben oder noch implementieren und anhand der Projekte, die bereits umgesetzt werden und zum Bau und zur Planung erster Solarkraftwerke geführt haben.

Literaturverzeichnis

Alnaser. W.R.; Trieb, F.; Knies, G. (2007): Solar Energy Technology in the Middle East and North Africa (MENA) for Sustainable Energy, Water and Environment. - In: Advances in Solar Energy. An Annual Review of Research and Development, 2007, H. 17, S. 261-302

Andersen, Uwe (2005a): Internationale Akteure der Entwicklungspolitik. In: Entwicklung und Entwicklungspolitik; Bundeszentrale für politische Bildung: Bonn; S. 37-45.

Andersen, Uwe (2005b): Deutschlands Entwicklungspolitik im internationalen Vergleich. In: Entwicklung und Entwicklungspolitik; Bundeszentrale für politische Bildung: Bonn; S. 54-65.

Balser, Markus (2013): Desertec-Stiftung steigt aus Wüstenstrom-Projekt aus. In: Süddeutsche Zeitung Online vom 30. Juni 2013; Online verfügbar unter: http://www.sueddeutsche.de/wirtschaft/wuestenstromprojekt-desertec-haelt-die-hand-auf-1.1010510 (zuletzt abgerufen am 20.11.2013)

Bundeszentrale für politische Bildung (2012): Das Lexikon. Grundlegendes Wissen von A bis Z; Bundeszentrale für politische Bildung: Bonn.

BMWi (2012): Die Energiewende in Deutschland. Mit sicherer, bezahlbarer und umweltschonender Energie ins Jahr 2050; Bundesministerium für Wirtschaft und Technologie: Berlin.

BMZ (2013): DAC-Liste der Entwicklungsländer und –gebiete für die Berichtsjahre 2011-2013; Bundesministerium für wirtschaftliche Zusammenarbeit und Entwicklung: Berlin; Online verfügbar unter: http://www.bmz.de/de/ministerium/zahlen_fakten/DAC_Laenderliste_Berichtsjahre_2011_2013.pdf (zuletzt abgerufen am 20.11.2013).

Desertec (2012): Tunesian sun will light European homes by 2016. Pressemitteilung vom 24. Januar 2012; Online verfügbar unter: http://www.desertec.org/press/press-releases/120124-01-desertec-foundation-tunisian-sun-will-light-european-homes-by-2016/ (zuletzt abgerufen am 20.11.2013).

Desertec (2013a): The Desertec Concept; Desertec Foundation: Hamburg; Online verfügbar unter: https://dl.dropboxusercontent.com/u/2639069/DESERTEC%20Concept.pdf (zuletzt abgerufen am 20.11.2013).

Desertec (2013b): Global Mission. Meilensteine; Online verfügbar unter: http://www.desertec.org/global-mission/milestones/ (zuletzt abgerufen am 20.11.2013).

Desertec (2013c): Desertec Foundation presents ist criteria for the implementation of large solar projects. Pressemitteilung vom 17.04.2013; Online verfügbar unter: http://www.desertec.org/press/press-releases/130411-desertec-foundations-presents-desertec-critieria/ (zuletzt abgerufen am 20.11.2013).

Desertec (2013d): Desertec Foundation is leaving the industrial consortium Dii. Pressemitteilung vom 01.07.2013; Online verfügbar unter: https://dl.dropboxusercontent.com/u/2467916/DF_leaves_dii.pdf (zuletzt abgerufen am 20.11.2013).

Dii (2013): Turning desert power into reality. Pressemitteilung vom 30.10.2013; Online verfügbar unter: http://www.dii-eumena.com/de/presse/neueste-nachrichten/single/article/722.html (zuletzt abgerufen am 20.11.2013).

Dii (2012): Desert Power 2050: Argumente für den Wüstenstrom; Dii GmbH: München.

DLR (2013): Towards a Sustainable Implementation of Concentrated Solar Power (CSP) Technologie in the MENA Region; Online verfügbar unter: http://www.dlr.de/sf/desktopdefault.aspx/tabid-7235/ (zuletzt abgerufen am 20.11.2013).

Durth, R./ Körner, H./ Michaelowa, K. (2002): Neue Entwicklungsökonomik; Lucius & Lucius: Stuttgart.

Energy Information Administration (2013): International Energy Outlook 2013; Energy Information Administration: Washington, D.C.

Erdle, Steffen (2010): The Desertec Initiative. Powering the development perspectives of Southern Mediterranean countries? Deutsches Institut für Entwicklungspolitik: Bonn.

Fürtig, Henner (2012): Was ist der Nahe Osten? – eine Einführung. In: Naher Osten. Nachbarregion im Wandel; Bundeszentrale für politische Bildung: Bonn; S. 4-7.

GIZ (2012): Nachhaltiges Wirtschaften – Motor für Entwicklung; Deutsche Gesellschaft für Internationale Zusammenarbeit (GIZ): Bonn.

Jalilvand, David Ramin (2012): Renewable Energy for the Middle East and North Africa. Policies for a Successful Transition; Friedrich-Ebert-Stiftung: Bonn.

Kaufmann, Matthias (2009): Wüstenstrom: „Die Kalkulation von Desertec ist absurd. In: Manager Magazin Online vom 13.07.2009, Online verfügbar unter: http://www.manager-magazin.de/unternehmen/energie/a-635955.html (zuletzt abgerufen am 20.11.2013).

Kevenhörster, Paul / van den Boom, Dirk (2009): Entwicklungspolitik; VS Verlag für Sozialwissenschaften: Wiesbaden.

Klingebiel, Stephan (2013): Entwicklungszusammenarbeit – eine Einführung; Deutsches Institut für Entwicklungspolitik: Bonn.

Krause, Matthias / Scholz, Imme (2005): Perspektiven globaler Energiepolitik. Erneuerbare Energien als Schlüsselelement der Entwicklungszusammenarbeit?, In: Messner, Dirk / Scholz, Imme (Hrsg.): Zukunftsfragen der Entwicklungspolitik; Nomos Verlagsgesellschaft: Baden-Baden; S. 331-344.

Kubny, Julia/ Erik Lundsgaarde/ Raja Fügner Patel (2008): Serie Entwicklungsfinanzierung: Wundermittel FDI? Der Entwicklungsbeitrag ausländischer Direktinvestitionen; Deutsches Institut für Entwicklungspolitik: Bonn.

Liebig, Klaus/ Wolff, Peter (2009): Die Zukunft der Regionalen Entwicklungsbanken im System der internationalen Entwicklungsfinanzierung; Deutsches Institut für Entwicklungspolitik: Bonn.

Loewe, Markus (2009): Deutsche Entwicklungszusammenarbeit mit Ägypten – Eine Analyse aus der Ankerlandperspektive; Deutsches Institut für Entwicklungspolitik: Bonn.

Löfken, Jan Oliver (2008): Technik der solarthermischen Kraftwerke; In: Klimaschutz und Energieversorgung in Deutschland 1990-2020; Deutsche Physikalische Gesellschaft: Bonn; Online verfügbar unter: http://www.weltderphysik.de/gebiete/technik/ energie/gewinnungumwandlung/solarenergie/solarthermie/technik-solarkraftwerke/ (zuletzt abgerufen am 20.11.2013).

Lucas, Viola (2012): Gesellschaftliche Herausforderungen. In: Naher Osten. Nachbarregion im Wandel; Bundeszentrale für politische Bildung: Bonn; S. 46-53.

Mattes, Hanspeter (2012): Die arabischen Protestbewegungen von 2011. In: Naher Osten. Nachbarregion im Wandel; Bundeszentrale für politische Bildung: Bonn; S. 65-80.

Menzel, Ulrich (2010): Teil I: Entwicklungstheorie. In: Stockmann, R. / Menzel, U. / Nuscheler, F.: Entwicklungspolitik. Theorien – Probleme – Strategien. Oldenbourg Wissenschaftsverlag: München; S. 10-157.

Nuscheler, Franz (2004): Entwicklungspolitik, 5. Auflage; Dietz-Verlag: Bonn.

Nuscheler, Franz (2010): Teil II: Weltprobleme. In: Stockmann, R. / Menzel, U. / Nuscheler, F. (2010): Entwicklungspolitik. Theorien – Probleme – Strategien. Oldenbourg Wissenschaftsverlag: München; S. 161-329.

OECD (2008): Is It ODA? Factsheet – November 2008; OECD Publishing: Paris.

OECD 2013: Renewable Energies in the Middle East and North Africa. Policies To Support Private Investment; OECD Publishing: Paris.

Richter, Thomas (2012): Entwicklung und Struktur der Wirtschaft. In: Naher Osten. Nachbarregion im Wandel; Bundeszentrale für politische Bildung: Bonn; S. 38-45.

Ruchser, Matthias (2012): Strom aus der Wüste: Realität oder Fata Morgana? In: Energiewirtschaftliche Tagesfragen; 62. Jg., Heft 12: Essen; S. 92-94.

Schinke, Bernd / Klawitter, Jens (2010): Desertec – Baustein einer neuen Sicherheitsarchitektur innerhalb des MENA-Eu-Raums?; Germanwatch: Bonn.

Schlumberger, Oliver (2005): Strukturreformen und patrimonialer Kapitalismus in der arabischen Welt. In: Messner, Dirk / Scholz, Imme (Hrsg.): Zukunftsfragen der Entwicklungspolitik; Nomos Verlagsgesellschaft: Baden-Baden; S. 361-376.

Stamm, Andreas (2005): Entwicklungspolitik zur Mitgestaltung der Globalisierung. Kooperation mit Ankerländern als Herausforderung und Chance. In: Messner, Dirk / Scholz, Imme (Hrsg.): Zukunftsfragen der Entwicklungspolitik; Nomos Verlagsgesellschaft: Baden-Baden; S. 119-136.

Stockmann, Reinhard (2010): Teil III: Entwicklungsstrategien und Entwicklungszusammenarbeit. In: Stockmann, R. / Menzel, U. / Nuscheler, F.: Entwicklungspolitik. Theorien – Probleme – Strategien. Oldenbourg Wissenschaftsverlag: München; S. 351-511.

Süddeutsche Zeitung (2013): Desertec hält die Hand auf. In: Süddeutsche Zeitung Online vom 11.10.2010; Online verfügbar unter: http://www.sueddeutsche.de/wirtschaft/wuestenstromprojekt-desertec-haelt-die-hand-auf-1.1010510 (zuletzt abgerufen am 20.11.2013).

Triebswetter, Ursula (2011): Kurz zum Klima: Erneuerbare Energien in Nordafrika und im Nahen Osten. In: ifo Schnelldienst 10/2011, 64. Jahrgang; S. 33-35.

UfM (2013): About Us: Who We Are; Union for the Mediterranean; Online verfügbar unter: http://ufmsecretariat.org/who-we-are/ (zuletzt abgerufen am 20.11.2013).

Von Hauff, Michael/ Kleine, Alexandro (2009): Nachhaltige Entwicklung. Grundlagen und Umsetzung; Oldenbourg Wissenschaftsverlag: München.

Weltbank (2012a): MENA- Desert Ecosystems and Livelihoods Knowledge Sharing and Coordination Project; Weltbank: Washington, D.C.

Weltbank (2012b): MENA Development Report. Renewable Energy Desalination; Weltbank: Washington, D.C.

Weltbank (2013): Global Economic Prospects, Volume 6, January 2013 : Assuring Growth Over the Medium Term; Online verfügbar unter: https://openknowledge.worldbank.org/handle/10986/12124 (zuletzt abgerufen am 20.11.2013).

Werenfels, Isabelle / Westphal, Kirsten (2010): Solar Power from North Africa. Frameworks and Prospects; Stiftung Wissenschaft und Politik: Berlin.

ZDFheute (2013): Arabischer Frühling: Was aus der Revolution geworden ist. In: ZDFheute.de vom 04.11.2013, Online verfügbar unter: http://www.heute.de/Arabischer-Fr%C3%BChling-Was-aus-der-Revolution-geworden-ist-30444810.html (zuletzt abgerufen am 20.11.2013).